Le Sexe ce n'est pas si compliqué !

Le Sexe ce n'est pas si compliqué ! Alors pourquoi nos Relations amoureuses le sont si souvent ?

Gary M. Douglas &
Dr. Dain C. Heer

ISBN : 978-2-9544710-6-8

Dépôt légal 2nd trimestre 2014
Bibliothèque nationale de Suisse/BN
Bibliothèque nationale de France

Publié par les Éditions Magic Laws
www.magiclaws.com

Imprimé en France
2e Edition
Titre Original « Sex Is Not A Four Letter Word But Relationship Often Times Is »

Traduction : Nicolas Kuhn, Révision : Marlène Glauser Ricci
Couverture : Kiu Imandel, Composition : Stephen Outram.

TABLE DES MATIÈRES

GARY DOUGLAS

Je m'appelle Gary Douglas, je suis le fondateur d'Access, un système de transformation de l'énergie qui donne aux gens des outils qu'ils peuvent utiliser pour se débarrasser de leurs limites et incapacités et créer de nouvelles possibilités étonnantes et merveilleuses pour eux-mêmes.

J'ai commencé à explorer la conscience, et l'énergie et d'autres aspects de ce monde bizarre, extravagant, loufoque en 1990, après m'être rendu compte que je n'étais pas heureux dans ma vie. J'avais eu les voitures, j'avais eu les maisons, j'avais obtenu le succès, et j'avais atteint un point où tout cela ne signifiait plus rien pour moi. J'avais eu tout ce qui était considéré comme précieux dans cette réalité, et ce n'était pas encore suffisant.

La vie, comme je la vivais, était beaucoup de dur labeur, beaucoup d'efforts, beaucoup de traumatismes, de drames, de contrariétés et d'intrigues ; et pas beaucoup de joie. Je savais qu'il devait y avoir plus dans la vie, ou alors il n'y avait aucune raison de vivre. Il devait y avoir plus que ce que cette réalité offrait parce qu'elle n'avait rien de magique, joyeuse ou euphorique. J'ai commencé à chercher des réponses, et ça m'a mené sur des chemins très intéressants. J'ai commencé à penser que je voulais savoir comment trouver la magie dans ma vie. Je n'avais pas remarqué à ce moment-là que la magie était partout autour de nous, que c'est quelque chose que nous créons. Même si des choses étonnantes étaient apparues dans ma vie, boum-boum-boum, dès que je les demandais, je ne voyais pas la magie que j'avais créée.

Depuis cette époque, j'ai appris à penser différemment à propos de l'univers, de la conscience et de l'entité unique que chacun de nous est, et de la magie qui en est la partie intrinsèque. Ce faisant, j'ai été en mesure d'apporter des changements monumentaux dans ma vie et aussi d'aider les autres à faire des changements dans la leur.

Quand j'étais gamin les gens me demandaient : « Que veux-tu faire quand tu seras grand ? »

Je disais : « Je veux être heureux. »

Ils disaient : « Non, non, non, mon fils. Que veux-tu faire quand tu seras grand ? »

Je disais : « Heureux ».

Ils disaient : « Non, non. Veux-tu être un médecin ou un avocat ou un chef indien ? »

Je disais : « Oui, tant que je suis heureux. »

Dans ces pages, mon ami et co-auteur, Dain Heer, et moi-même partageons les techniques et les outils qui mettent à votre portée la magie du bonheur, ainsi que tout ce que vous souhaitez créer. Notre séminaire Access sur la Magie de la vie, que nous avons enseigné dans les villes à travers les États-Unis d'Amérique, au Costa Rica, en Nouvelle-Zélande et en Australie, est le fondement de ce livre. Maintenant, avec une compréhension de la véritable magie de la vie, le bonheur est réel.

DR. DAIN HEER

Mon nom est Dain Heer. Avant de découvrir Access, je pouvais donner l'impression d'avoir du succès vu de l'extérieur, mais à l'intérieur j'étais très malheureux de ma situation et dans ma vie. Je vivais avec ma petite amie et travaillais comme chiropracteur au sein d'une petite communauté d'une station balnéaire près de Santa Barbara. Il y a des gens qui en regardant ma vie auraient parié qu'elle était parfaite, et pourtant j'étais si intensément malheureux que tous les matins, une fois ma copine partie au travail, je restais au lit et je pleurais. Je n'avais pas la moindre idée de comment régler les problèmes dans ma vie ou de comment mettre en forme et réaliser tous les rêves que j'avais depuis si longtemps.

J'avais essayé sans doute vingt ou trente techniques et systèmes différents pour améliorer ma vie, et certainement l'un d'eux aurait dû améliorer ma vie, mais j'ai toujours continué à me heurter à un mur de briques. Je commençais à me sentir désespéré. Je savais qu'il devait exister une réponse, mais je n'avais aucune idée d'où la trouver, et à la fin, le suicide me semblait être la meilleure solution disponible. Un jour, en désespoir de cause j'ai dit : « Alors, Univers, je te donne six mois et ensuite je me tue. » Je n'en pouvais plus de lutter.

Une semaine plus tard, j'ai vu une petite annonce dans le journal hebdomadaire qui disait : « Access. Tout dans la vie vient à moi facilement, dans la joie et la gloire. Appelez Shannon. »

Je me suis dit : « Facilement, dans la joie et la gloire ? Maya l'Abeille a dû mettre une put... de petite annonce dans le journal. Va te faire fout... ! » et j'ai jeté le journal à la poubelle.

Une semaine plus tard, j'ai vu la même annonce. « Access. Tout dans la vie vient à moi facilement, dans la joie et la gloire. Appelez Shannon. »

Cette fois-là je n'ai pas jeté le journal par terre ; j'ai appelé Shannon et lui ai demandé : « Que faites-vous exactement ? »

Elle a dit : « Oh, je pratique cette chose appelée Access. Je mets mes mains sur votre tête. Il s'agit d'une technique appelée les Bars. Ca va durer d'une heure à une heure et demie, et au pire, vous vous sentirez comme si vous aviez reçu un bon massage, et au mieux, toute votre vie changera. »

Au fond de moi, je me disais : « Toute ma vie a intérêt à changer, sinon je me tue bordel ! »

J'étais sceptique, mais j'ai décidé d'essayer. Shannon est venue à mon bureau et a commencé à pratiquer les Bars sur moi. Dès l'instant où elle a posé ses mains sur ma tête, j'ai commencé à rire comme un gosse, et j'ai continué à rire comme un enfant pendant toute la durée de la séance, soit une heure et quinze minutes. Après la séance, j'ai ressenti le premier sentiment de paix que j'avais eu en deux ans et demi. Je me suis alors levé de la table de massage, et pour la première fois de ma vie, je me souviens avoir vraiment su que tout allait bien, que tout avait toujours été OK, et que tout le serait toujours.

Cette séance m'a sauvé la vie. J'ai commencé les séances avec Shannon une fois par semaine, et chaque fois que nous avions une séance ensemble, ma vie changeait et je pouvais le constater. J'ai commencé à me réveiller le matin avec une sensation de joie et de possibilité au lieu de me dire : « Mon

Dieu, j'ai hâte de quitter cette planète. »

Access a été un cadeau extraordinaire pour moi, et grâce à l'utilisation de ses techniques et de ses outils, la magie est apparue dans ma vie. Maintenant je demande des choses, et elles apparaissent, mais la vraie magie réside dans la capacité à obtenir la joie qui est possible, la joie qui peut être créée, la joie que la vie peut procurer.

Bien sûr, la magie c'est d'avoir le plaisir de voir apparaître les choses que vous désirez dans votre vie, mais d'une façon beaucoup plus large, la magie c'est la conscience qui est ressentie, non pas comme un ajout à votre vie ou en remplacement de votre vie : la magie c'est la conscience en tant que mode de vie. Il ne s'agit pas de méditer dans une grotte, à l'écart de la vie normale, afin d'obtenir cette conscience. Vous devriez tirer votre fonctionnement de cette conscience à chaque instant où vous êtes en vie. Lorsque vous le faites, votre vie devient véritablement magique et il n'y a rien que vous ne puissiez créer. C'est la beauté de la chose.

Dans ce livre, nous partageons beaucoup de choses que nous avons apprises à propos de la magie : outils, techniques et possibilités que vous pouvez utiliser pour fonctionner en tant que conscience dans chaque moment intense, vivant, favorisant l'éveil, oxygénant, que vous vivez sur la planète.

INTRODUCTION

Ce livre, sur le sexe et les relations amoureuses, vous invite à acquérir une plus grande conscience, vous ouvre de plus grandes possibilités et vous offre un nouveau regard sur la façon de construire votre relation amoureuse. Nous espérons que les choses que nous avons écrites vont vous éblouir, vous pousser à contester et à dire : « Vous racontez des conneries ! Comment pouvez-vous dire cela ? »

Tout dans ce livre est fait pour vous apporter une perspective différente sur vous-même et sur votre relation amoureuse, pour que vous puissiez avoir des possibilités et un choix différents.

Certaines des choses dont nous parlons seront en complète contradiction avec toutes vos idées sur la façon dont les choses doivent être. Nous allons peut-être remettre en cause tout ce qu'on vous a jamais enseigné dans tous les cours que vous avez déjà suivis sur le sexe et les relations amoureuses ; tout ce que vous avez lu sur le sujet et tout ce que tous les soi-disant experts ont pu vous dire. Mais si ces choses marchaient vraiment, n'auriez-vous pas été libre, euphorique et joyeux dans votre relation amoureuse depuis longtemps ? Peut-être qu'apprendre à remettre en question ce qui ne fonctionne pas ouvrira la voie pour trouver quelque chose qui elle marchera. Après tout, si ce que vous avez appris fonctionnait, n'auriez-vous pas à présent un résultat incroyable ?

En termes conventionnels, le succès en matière de relation amoureuse signifie souvent que vous vous mariez, vous avez des enfants et vous maintenez ce mariage jusqu'à ce que « la mort vous sépare. » Notre point de vue est différent. Nous sommes persuadés que la partie la plus importante d'une relation réussie est d'avoir une véritable intimité avec vous-même. Si vous avez cela, vous pouvez être seul, être heureux et ne pas vous juger comme étant une vieille fille, un vieux garçon bizarre ou un mec homosexuel. Vous pouvez être seul et profiter de vous-même, ce qui est vraiment la situation dans laquelle tout le monde devrait être. Combien de personnes connaissez-vous qui sont dans cette situation ? Notre point de vue est que c'est seulement lorsque vous avez une véritable intimité avec vous-même, que vous pouvez créer une super relation amoureuse avec quelqu'un d'autre.

Dans ce livre, nous discutons des cinq éléments pour créer une grande intimité et offrons de nombreux autres points de vue sur le sexe et la nature des relations amoureuses. Nous espérons que vous utiliserez ces informations pour construire des relations amoureuses extraordinaires qui ont en permanence le feu, la verve, la vitalité et une sexualité incomparable à ce que vous avez pu avoir auparavant !

Pour commencer, voici quelques questions pour vous à considérer :

- Quelles sont les questions que vous devez poser pour construire la relation que vous voulez ?
- Que faudrait-il pour qu'une relation fonctionne pour vous, pas pour quelqu'un d'autre ?
- Que vous faudrait-il pour vous sentir euphorique dans votre relation ?
- Que vous faudrait-il pour entrevoir les possibilités, et non les limites ?

- Que vous faudrait-il pour que vous arrêtiez de vous juger vous-même ainsi que votre partenaire, et que vous reconnaissiez que vous avez la possibilité de choisir différemment ?

EST-CE UNE RELATION AMOUREUSE QUE VOULEZ-VOUS VRAIMENT ?

Est-ce une relation amoureuse que vous voulez vraiment ? Personnellement, je ne suis pas intéressé par une relation amoureuse. Je ne suis intéressé que par la conscience et la communion. Il ne s'agit pas de la communion où l'on prend l'ostie ou le vin le dimanche ; il s'agit d'une prise de conscience de toutes les choses et c'est la personne unique que nous sommes tous. Quand je parle de communion, je veux dire être en communion avec toutes choses, mais surtout... être en communion avec soi-même et son propre corps. Vous ne pouvez pas commencer à avoir une relation amoureuse avec quelqu'un d'autre tant que vous n'êtes pas en communion avec vous-même et pour être en communion, vous devez être conscient.

Est-ce que la Conscience Inclut la Sexualness[1] ?

La conscience et la spiritualité ne sont pas exclusives l'une de l'autre, mais elles ne sont pas non plus les mêmes. Beaucoup de gens sont dans la spiritualité, mais leur approche est « J'ai raison et vous avez tort. » Lorsque cela se produit, la spiritualité devient une autre forme de religion, et cela crée une division plutôt qu'une communion. La difficulté avec la plupart des démarches spirituelles, c'est qu'elles font un enfer de beaucoup de jugements. La conscience, contrairement à ce type de spiritualité, inclut tout et ne juge rien.

---

1 **Sexualness :** Adjectif Un mot décrivant les effets sur les organes sexuels humains qu'on obtient en caressant les différentes parties du corps,.

Est-ce que la conscience inclut la spiritualité ? Inclut-elle la sexualness ? Oui, elle les inclut. Le problème avec le fait de juger, c'est que chaque jugement que vous faites vous empêche de recevoir tout ce qui ne correspond pas à ce jugement. Par exemple, si vous décidez que votre partenaire est le compagnon idéal, alors vous devenez peu disposé à voir quand il fait quelque chose contre vous. Dès l'instant où vous jugez votre partenaire comme étant parfait, vous bloquez votre perception.

Pouvez-vous voir comment cela fonctionne ? Vous décidez qu'ils sont parfaits et alors vous ne verrez plus rien d'autre. Vous ne pouvez percevoir ou recevoir aucune autre information. Vous ne verrez pas les façons dont ils ne contribuent pas à rendre votre vie plus euphorique. Vous ne verrez pas quand ils feront quelque chose contre vous. Vous cessez d'être présent dans votre relation comme l'être infini, omniscient que vous êtes vraiment et vous commencez à vous éliminer dans la relation.

Si vous rencontrez une limitation ou une difficulté dans votre vie concernant le sexe, la relation amoureuse ou n'importe quoi d'autre, c'est qu'il doit y avoir quelque chose que vous n'êtes pas disposé à percevoir. En fait, si quelque chose dans votre vie ne fonctionne pas c'est parce que vous n'êtes pas disposé à percevoir, savoir, être ou à recevoir quelque chose. C'est ainsi que nos relations deviennent limitées et nous rendent malheureux. En fait, c'est de cette seule façon que notre réalité devient limitée.

Quand vous sortez en forêt et que vous n'avez pas de jugement sur quoi que ce soit là-bas, votre esprit est calme. Tout est paisible. Il y a un sentiment de beauté. Vous êtes en connexion totale avec tout. Cet espace que l'on ressent dans la nature est la communion que nous avons avec toute chose, qui est la conscience et notre unicité.

Nous sommes tout. Il n'y a rien que nous n'ayons jamais été

ou fait dans une vie ou dans une autre. Si nous pouvions revendiquer le soi-disant mauvais côté de nous-même, aussi facilement que nous pouvions revendiquer le soi-disant bon côté, alors nous ne passerions pas notre temps à essayer de juger ce qui est bien ou mal à notre propos et nous nous déplacerions vers un lieu d'unicité et de conscience.

Ce que nous recherchons est comment arriver à l'unicité avec le sexe, la relation amoureuse et l'accouplement. Si vous pouvez le faire sans jugement alors vous avez la liberté, mais tant que vous êtes dans le jugement, vous n'avez aucune liberté. Quand vous vous dévalorisez en vous jugeant mauvais ou quoique ce soit d'autre, vous créez une limitation qui finalement vous tient à l'écart de vous même.

J'ai un ami qui a suivi un cours de psychologie où le professeur a dit aux élèves que quatre-vingt-dix pour cent de la population préférerait avoir une mauvaise relation amoureuse que pas de relation du tout. Plutôt que d'être seul et s'amuser, la plupart des gens préfèrent un partenaire avec qui ils sont misérables, parce que cela veut dire qu'ils ont quelqu'un.

Est-ce suffisant pour vous ? Si c'est le cas, balancez ce livre.

Par contre, si vous voulez avoir quelque chose de plus grand dans votre vie que la foutaise que la plupart des gens considèrent comme une relation, alors vous devez commencer à développer une attitude plus consciente envers vous-même et votre corps ; envers le sexe et la communion avec les autres. Comme je l'ai dit au début : « Ce que nous recherchons ce n'est pas la relation, mais la communion, la conscience et l'unicité. » Si cela vous semble intéressant, continuez à lire ce livre.

HUMAIN OU HUMANOÏDE LEQUEL DES DEUX ÊTES-VOUS ?

L'une des découvertes les plus inattendues que nous ayons fait avec Access c'est la prise de conscience qu'il semble y avoir deux espèces d'êtres sur la planète Terre, les Humains et les Humanoïdes.

Les Humains dépendent du regard des autres et pensent que la vie est comme ça, que rien ne va jamais, et ils ne prennent même pas la peine de penser à une autre possibilité.

D'un autre côté les Humanoïdes, sont à la recherche de moyens pour améliorer les choses. Si vous inventez des choses, si vous recherchez les choses et si vous êtes toujours à la recherche d'une meilleure façon et plus grandiose de créer quelque chose, alors vous êtes un humanoïde, pas un humain. Les Humanoïdes sont les gens qui créent le changement. Ils créent les inventions, la musique et la poésie. Ils créent tout ce qui provient du manque de satisfaction que procure le statu quo.

Les Humanoïdes se jugent eux-mêmes

L'une des choses les plus importantes à savoir sur les humanoïdes, c'est qu'ils se jugent eux-mêmes. Ils pensent qu'il y a quelque chose qui cloche en eux, car ils ne sont pas comme tout le monde. Ils se demandent : « Qu'est-ce qui ne va pas chez moi qui m'empêche d'arriver à faire les choses ? » Ils se demandent pourquoi ils ne peuvent pas avoir ce que tous les autres ont, et faire ce que tout le monde fait. Quand quelqu'un leur ment ou leur fait du tort, ils ont une vision déformée des choses et cherchent ce qu'ils ont pu faire de mal. Ils se donnent tort et donnent raison à l'autre.

Un jour j'ai dit à un ami humanoïde qui était en couple avec une femme depuis longtemps : « Elle te trompe. Je le sais. Elle te ment. »

Il m'a dit : « Non, ce n'est pas possible. Elle ne me ferait pas ça. C'est ma meilleure amie. »

Je lui ai demandé : « Peux-tu la confronter à cette accusation ? »

Alors, il l'appela et parla avec elle à propos de ce que j'avais dit et elle se mit vraiment en colère contre lui. Sa réaction à lui fût de s'en vouloir terriblement d'avoir osé lui demander.

Et combien de semaines lui fallu-t-il avant qu'il ne découvre que c'était vrai ?

Six semaines plus tard, il découvrit qu'elle le trompait. Mais le pire pour lui c'est qu'il avait refusé de voir la vérité en face. Il me dit : « Que c'était comme si un camion l'avait renversé, puis fait marche arrière et avait de nouveau roulé sur lui. »

C'est tout ce qu'il y a

J'ai parlé à mon beau-père, qui était manifestement un humain, après qu'il ait eu une crise cardiaque. Je lui ai dit : « Beau-Papa, comment était-ce pour toi d'avoir cette crise cardiaque ? » Personne ne lui avait posé cette question.

Il a dit : « Eh bien, je me souviens d'avoir eu une crise cardiaque et de me tenir debout à l'extérieur de mon corps à regarder... » Il s'interrompit, puis reprit : « Eh bien, j'ai eu une crise cardiaque, puis je les ai vus mettre les électrodes sur ma poitrine... » Encore une fois, il s'arrêta en cours de phrase, attendit un moment, puis reprit à nouveau : « Eh bien », dit-il enfin, « J'ai eu une crise cardiaque et puis ils ont mis les électrodes sur ma poitrine et ils m'ont choqué. »

Il ne pouvait pas avoir une réalité dans laquelle il était hors de son corps à regarder ces choses se produire. C'est un excellent exemple de ce qui arrive aux gens quand ils ne peuvent pas admettre ce qui ne correspond pas à leur conception de la réalité. Sa réalité était que vous êtes dans un corps et que c'est tout ce qu'il y a. Un humain ne peut jamais concevoir quelque chose qui ne correspond pas au point de vue du « c'est tout ce qu'il y a. » Les humains sont les gens qui ne croient pas en la réincarnation. Ils n'envisagent pas d'autres possibilités. Ils ne croient pas aux miracles. Les médecins, les avocats et les chefs indiens créent tout. Les humains ne créent rien. Ils vont faire le même travail encore et encore ; parfois de manière très bonne et efficace, mais ils ne feront jamais les choses différemment.

Quarante-sept pour cent de la population est humanoïde et ce sont les créateurs de tout ce qui change dans notre réalité. Cinquante-deux pour cent est humain. Et le un pour cent restant ? Un jour, je vous en parlerai !

Les humains conservent les choses telles qu'elles sont et ne veulent jamais rien changer. Avez-vous déjà été chez quelqu'un qui n'a pas changé ses meubles depuis 30 ans ? Humain.

Les humains vivront dans le même quartier jusqu'à ce qu'il se dégrade et plutôt que de déménager, ils mettront des barreaux à leurs fenêtres pour garder les repris de justice hors de leur foyer. Et qui regarde au travers des barreaux ? Excusez-moi mais vous venez juste de vous transformer en taulard ! Les humains sont les entrepreneurs qui arrachent toutes les plantes afin de rénover une maison. Ils éliminent tout dans le but de créer. « C'est comme ça », se disent-ils. « Nous allons tout éradiquer et tout ira bien. » Les humains dépendent du jugement des autres, parce que tout dans leur vie est basé sur le jugement, les décisions, la force et l'effort. C'est le seul environnement dans lequel ils sont créatifs.

Pensez à un humain que vous connaissez et percevez la conscience de cette personne. Maintenant, percevez la conscience d'un rocher. Laquelle est la plus légère ? Celle du rocher ? Très bien. Il y a plus de conscience dans le rocher. Alors, nous passons du temps avec les humains pour quelle raison ? Nous avons tous des amis et de la famille humains, mais ils nous jugent et nous disent combien nous avons tort de faire tout ce que nous faisons.

Les Humains, les Humanoïdes, le Sexe et les Relations amoureuses

Le point de vue de l'humain est que le sexe est fait pour procréer, que vous n'êtes censé n'avoir que deux enfants et qu'après ça, vous êtes censé arrêter d'avoir des rapports sexuels. Le point de vue humanoïde est que le sexe est fait pour le plaisir. Donc, si vous êtes un humanoïde, vous voulez avoir des rapports sexuels à des fins récréatives, sauf que si vous faites cela et passez un moment agréable, vous pourriez avoir un sentiment de culpabilité.

C'est clair, si vous êtes un humanoïde, vous avez besoin d'un partenaire humanoïde. Mais l'une des plus grandes difficultés à créer des relations épanouies, c'est que les humanoïdes sont attirés par les humains. Vous ne voulez pas choisir un partenaire humain, mais vous vous sentez poussé à le faire. Si vous le faites, il passera son temps à vous juger. Il vous dira combien vous avez tort de faire tout ce que vous faites. Si vous vous jugez et si l'autre personne vous juge, alors il est difficile pour vous de vous montrer tel que vous êtes, dans cette relation. Tous ces jugements vous amènent à commencer à vous séparer de vous-même, alors vous ne pouvez pas vraiment être dans cette relation.

Les humanoïdes se demandent toujours pourquoi ils ne peuvent pas se contenter des choses telles qu'elles sont et pourquoi les relations monogames ne sont pas naturelles pour eux. S'ils trompent leur partenaire, ils accumulent un poids de culpabilité démesuré sur leurs épaules, alors qu'un humain qui vous a trompé vous dira : « Tu m'as poussé à le faire. »

Eh bien, tu n'as qu'à te trouver une télé...

Pour les humanoïdes, c'est un grand soulagement de savoir que nous sommes toujours jugés et que nous ne nous intégrons jamais. Nous essayons si fort, mais nous n'arrivons à nous couler dans le moule des humains. Tout le monde dans notre famille nous dit : « Eh bien, tu n'as qu'à tout simplement te trouver une télé, une nouvelle voiture et un travail régulier ; et alors tout ira bien. »

L'idée d'évoquer ce concept humain / humanoïde n'est pas pour juger les humains. Il s'agit de prendre conscience de la façon dont nous, humanoïdes, nous nous jugeons nous-mêmes.

Nous observons les humains et disons : « Comment cela se fait-il que je ne puisse pas être comme eux ? Ils ont la vie si facile. »

Pour eux la vie est simple parce qu'ils ont tout rangé dans des cases.

Les humanoïdes vont toujours se demander : « Qu'est-ce qui ne va pas chez moi, qui m'empêche d'être comme cette autre personne ? Qu'est-ce qui ne va pas chez moi, qui fait que je ne peux pas me contenter de moins ? Qu'est-ce qui cloche chez moi ? ». Ils portent énormément de jugements sur eux-mêmes.

Tous les jugements que vous avez eu sur vous-même concernant le fait d'être humanoïde, pouvons-nous les détruire et en annuler la création, s'il-vous-plaît ?

L'INCARNATION[2], C'EST QUOI ?

La plupart des enseignements spirituels, des églises et des religions vous disent combien votre corps est mauvais. On vous informe sur les péchés de la chair et le fait que l'incarnation est quelque chose de négatif. Mais si avoir un corps était une mauvaise chose, pourquoi revenez-vous encore et encore ? Vous avez un choix illimité dans l'univers et si vous continuez à revenir, vous devez le faire pour une raison.

Il doit y avoir de la grandeur dans l'incarnation que nous n'avons pas encore reconnue, c'est pourquoi nous continuons à le faire encore et encore, comme si nous pensions que nous allions créer quelque chose de différent. Tant que vous ne verrez pas l'incarnation comme l'expression joyeuse de vous-même, l'être infini, et tant que vous ne pourrez pas atteindre la grandeur de ce qu'est l'incarnation, vous ne pourrez pas vous libérer de ces retours sans fin.

Observez un chat. Un chat aime son corps. Il roule sur le dos avec exubérance et court pour le plaisir de courir. Quand il mange, il mange avec délice. Il ne mange pas par obligation ou parce que c'est une occasion de discuter avec quelqu'un. Il n'arrêtera pas de manger pour parler avec vous au milieu de son dîner. Les chats sont en totale communion avec leur corps. Il n'y a pas de notion de séparation entre eux et leur corps. Quand ils marchent, ils utilisent chaque muscle. C'est comme ça avec les animaux. Mais quand nous marchons, utilisons-nous chaque muscle de notre corps ou marchons-

---

2 **INCARNATION (EMBODIMENT) :** quelqu'un ou quelque chose qui est la représentation parfaite ou l'exemple d'une qualité, idée, etc.
Source : Dictionnaire Merriam-Webster

nous comme la plupart des gens, de nos genoux vers le bas, comme de petits jouets mécaniques ? Comment pensez-vous que ce serait si nous n'avions pas la notion de séparation d'avec notre corps ?

J'ai un ami qui m'a dit qu'il n'était pas très musclé et qu'il ne faisait pas de sport mais je l'ai bien regardé courir. Quand il revient de sa course, ses bras ont doublé de volume par rapport à avant son départ, mais pas en faisant des pompes ou en développant ces muscles en particulier. C'est juste parce que son corps aime bouger. Quand il court, il ne court pas dans une posture rigide, articulée, du genre « Je fais du jogging pour ma santé », mais pour le pur plaisir du mouvement. Son corps entier se déplace quand il court. Pour lui, la vie est animée, quand il a le plaisir de bouger son corps. Malheureusement, la plupart d'entre nous n'expérimentons jamais le plaisir de bouger notre corps. Nous poussons nos corps à faire de l'exercice ou nous les forçons à aller à la salle de sport. Nous ne leur demandons jamais ce qu'ils veulent manger ou ce qui leur ferait du bien.

J'ai un autre ami qui peut faire l'amour pendant toute la nuit et travailler toute la journée ; faire l'amour toute la nuit suivante et encore travailler le lendemain, ceci en ayant quatre heures de sommeil en tout. Il ne perd jamais d'énergie. Son corps est une joie pour lui. Il est l'une des rares personnes que j''aie rencontrée qui prenne autant de plaisir avec son corps. La plupart des gens qui ont des rapports sexuels pendant toute la nuit sont fatigués le lendemain et veulent dormir. Pas lui. Il est encore plus enthousiaste et prêt à en faire plus. Si nous voyons ceci comme une réelle possibilité, alors que pouvons-nous créer avec notre corps ?

J'ai travaillé avec une dame qui est venue me voir pour ses problèmes de poids. Je lui ai dit : « Parlez à votre corps et demandez ce qui lui fait du bien, et faites quelque chose qui chouchoute votre corps chaque jour. »

Elle s'est souvenue que lorsqu'elle était enfant sa mère la talquait tous les soirs après son bain. Elle est allée acheter du talc parfumé et a commencé à poudrer avec soin son corps chaque soir. Elle se sentait ainsi toute douce et agréable. Son corps se sentait chouchouté, soigné et honoré, et elle a perdu 12 kilos et demi en six semaines.

Je veux vous encourager à découvrir le côté fabuleux de l'incarnation. Il s'agit d'apprendre à respecter votre corps et à en prendre soin et de reconnaître qu'il veut vous servir. Il veut rendre votre vie géniale.

Le point de vue n'est pas que « vous soyez en charge de votre corps et que donc vous deviez le malmener. » Non, votre corps va faire tout ce que vous voulez. Tout ce que vous avez à faire c'est de demander. Mais si vous le regardez dans le miroir et jugez à quel point il est gros et laid, et à quel point ça pendouille, c'est tout cela que vous recevrez encore plus en échange. Si vous vous tenez devant le miroir et câlinez votre corps et que vous lui dites comment il est cool, c'est incroyable ce qu'il va vous procurer. Nous devrions ne faire qu'un avec ce corps, mais la plupart d'entre nous ne demandons même pas à notre corps ce qu'il voudrait.

Et si nous pouvions déverrouiller tout ce qui nous empêche de ressentir la joie de l'incarnation ? Et si nous pouvions avoir une communion avec notre corps, réellement aimer notre corps et en profiter ? Et si nous pouvions avoir tout l'enthousiasme de notre corps et être prêt à en ressentir chaque partie ? Et si nous pouvions vivre notre vie comme la qualité orgasmique que la vie peut être ? Alors peut-être qu'une réalité différente pourrait apparaître ici sur la planète terre.

QU'EST-CE QUI DÉFINIT LE SEXE ?

Les cinq piliers du sexe sont : la sensualité, être sexy, l'accouplement, la sexualness et la sexualité.

La Sensualité

La sensualité est en lien avec ce que le corps aime. C'est la sensation d'être caressé. C'est la sensation du soleil sur votre peau ou de glisser dans un lit douillet. C'est l'odeur de votre fleur préférée ou la sensation d'être enlacé en douceur par une personne qui prend soin de vous.

Être Sexy

Être sexy c'est vous sentir bien et avoir fière allure. Vous marchez la tête haute, vous vous pavanez littéralement et tout le monde le perçoit.

L'Accouplement

L'accouplement c'est quand vous mettez vos corps ensembles.

La Sexualness

La sexualness est l'énergie créatrice de la vie sur la planète terre. Elle existe en tout. La sexualness est la capacité à recevoir sur cette planète. C'est la façon dont nous sommes en communion avec toutes choses. Nous recevons de tout, de partout sans jugement. C'est l'idée générale.

Sexualité

Avec la sexualité, d'un autre côté, il y a toujours un jugement parce que la sexualité vous ramène à une norme, qui devient alors une source de division et de séparation. Avec la sexualité vous arrivez à des jugements et des méthodes pour vous détruire, vous, votre vie et votre réalité.

Par exemple, je veux être en mesure d'apprécier la sexualness de mon ami homme, ainsi que celle d'une femme, d'un chat ou d'un arbre. Mais avec la sexualité, au lieu d'accueillir la sexualness en chacun de nous, nous pensons : « Il n'est pas approprié pour moi de voir l'énergie sexuelle chez ma fille, car cela signifie que je vais avoir de mauvaises pensées. » Non ! Vous feriez mieux d'être capable de voir ce que votre fille va faire, ou bien elle le fera lorsque vous ne voulez pas qu'elle le fasse. Vous feriez mieux d'être prêt à reconnaître ce qui se passe. Vous devez être en mesure de voir le cadeau que chaque personne est au lieu de porter des jugements sur la sexualité.

Un jour, j'ai travaillé avec un homme qui a un magasin de vêtements dans le quartier gay de la ville. Il avait des difficultés avec son entreprise et il m'a demandé de l'aider à découvrir où était le problème. Nous avons examiné tout et tout semblait très bien, puis je l'ai interrogé sur ses clients. Il a dit : « Eh bien, ils sont la plupart du temps assez sympa mais je déteste quand ces gens-là entrent. »

J'ai demandé : « Qui sont ces gens-là ? »

Il a dit : « Vous savez, les homos maniérés. »

J'ai demandé : « Pourquoi détestez-vous quand ils entrent ? »

Il a répondu : « Parce qu'ils me draguent. »

Je lui ai demandé : « Bon alors, quand vous sortez, ne flirtezvous pas avec les femmes ? »

Il a répondu : « Pas quand ma femme est dans les parages. »

J'ai dit : « D'accord, mais vous flirtez quand même. N'est-ce pas ? Est-ce que ça veut dire pour autant que vous prévoyez de coucher avec ces femmes-là ? »

Il a répondu : « Eh bien, non. Je ne tromperais jamais ma femme. »

J'ai dit : « Ces gars-là flirtent avec vous, mais vous n'êtes pas disposé à recevoir leur énergie. Si vous ne pouvez pas recevoir leur énergie, alors vous ne pouvez pas recevoir leur argent. Vous les éloignez énergétiquement de votre magasin. Vous devez être prêt à recevoir leur énergie et à la leur retourner. Vous devez apprendre à flirter avec eux. Cela ne signifie pas que vous devez coucher avec eux ! Ce n'est pas ce dont je parle. »

Les gens interprètent mal la sexualness et pensent que cela implique l'accouplement. Eh bien, je ne copule pas avec les chats, mais je reçois leur sexualness. C'est important de le reconnaître, parce que vous pouvez recevoir la sexualness d'une personne, cela ne signifie pas que vous deviez coucher avec elle.

Lorsque vous êtes dans l'union avec toutes choses, vous êtes la sexualness totale et il n'y a pas de jugement. Vous êtes prêt à recevoir tout sur la planète. Mais dès que vous dites : « Je suis cela. », vous créez une limitation.

Quand vous partez dans la sexualité et vous dites : « Je suis un mâle hétéro. » Vous ne pouvez pas recevoir l'énergie venant des hommes homosexuels et vous vous coupez de votre capacité à recevoir de tout le reste. Voilà ! Vous ne recevrez pas d'énergie venant de plantes, vous ne recevrez pas d'énergie des animaux et particulièrement vous ne serez pas disposé à recevoir l'énergie de personnes du même sexe.

Pensez-y un instant. Si vous êtes un homme et vous n'êtes pas prêt à avoir la sexualness d'un autre homme, alors comment pouvez-vous avoir tout ce que vous êtes ? Quand nous refusons de recevoir l'énergie ou la sexualness de personnes du même sexe alors nous nous privons également de notre propre sexualness.

Si vous dites « Je suis un mâle hétéro », alors vous commencez à juger les femmes qui sont lesbiennes parce qu'elles pourraient draguer votre petite amie, ensuite vous essayez de diviser le monde et faire disparaître les lesbiennes de votre vie pour qu'elles ne flirtent pas avec votre petite amie. Vous essayez de limiter ce que vous permettez à votre petite amie de recevoir et ce que vous êtes disposé à recevoir, et vous commencez à vous diviser en diverses formes de séparation appelées sexualité.

Si vous vivez dans un espace de sexualness et de non jugement alors vous avez la liberté et vous pouvez recevoir la totalité du monde. Vous pouvez avoir tout ce que vous avez toujours voulu. C'est ce que nous visons, revendiquer et posséder la totalité de votre sexualness et la vivre au lieu d'y penser comme quelque chose en dehors de vous, quelque chose que vous avez fait dans le passé, quelque chose que vous avez à contrôler ou quelque chose que vous aimeriez faire à l'avenir. Vous l'avez dès maintenant. Tout y est.

EST-CE QUE LE SEXE A UN SENS ?

Certaines personnes pensent que le sexe doit signifier quelque chose. C'est le cas. On appelle ça le plaisir. Le sexe est une expression joyeuse de la vie, mais lorsque vous essayez d'y mettre un sens, alors vous entrez dans le jugement, et dès que vous entrez dans le jugement, vous limitez ce que vous pouvez ressentir. Une fois que vous commencez à porter un jugement, vous cessez d'être présent.

A quoi est-ce que les jugements ressemblent ? « Est-elle La femme pour moi ? » « Je me demande comment ce serait d'avoir des enfants avec lui. » « Elle a un travail tellement intéressant. Ce serait merveilleux d'avoir relation avec elle. »

Dès que vous commencez à donner une signification et des jugements concernant ce que l'autre va représenter pour vous ou sur l'importance du sexe, alors vous n'êtes plus présent. Le jugement tue toutes possibilités. C'est le clou sur votre cercueil.

L'accouplement doit être une expression joyeuse de la vie et quand c'est fait dans cette optique, c'est euphorisant ; son intensité, son volume et ses possibilités ne peuvent qu'augmenter. Mais quand on s'accouple pour que cela ait un sens, alors on diminue énergétiquement ce qui est disponible. La signification que vous y mettez crée une limitation, et ce que vous faites n'est plus exprimé comme un espace ou une possibilité illimités.

Par exemple, si une femme porte le jugement : « Cet homme est pour moi. » Elle aura en tête les pensées suivantes : « Eh bien, si je dois avoir des bébés avec lui, nous ne pouvons certainement pas avoir des relations sexuelles orales. On ne peut absolument pas avoir des relations sexuelles anales. Nous ne pouvons certainement pas faire une partie à trois, car alors il ne voudra plus m'épouser. » Elle limite son comportement en fonction des jugements potentiels futurs que son partenaire pourrait avoir.

Elle exclut les sex toys et différentes positions, car elle estime que son partenaire pourrait la juger à l'avenir comme n'étant pas correcte. Elle exclut qui elle est pour cadrer avec la projection qu'elle s'est faite du futur.

Vous commencez à limiter ce que vous pouvez avoir dans le domaine de l'accouplement et de la sexualness en fonction de vos jugements. Beaucoup de gens à qui j'ai parlé de leur vie sexuelle me disent, qu'une fois qu'ils ont des enfants, ils cessent de faire autre chose que la position du missionnaire. Quand je leur demande : « Pourquoi ? », ils disent : « Eh bien, nous avons peur que les enfants nous surprennent. » Excusez-moi mais les enfants sont à l'extérieur de leur corps pour vous regarder faire l'amour ! Ne savez-vous pas cela ? Vous allez leur apprendre que c'est tout ce qu'ils auront ?

Je connais beaucoup de gens qui limitent leur comportement sur la base des jugements potentiels futurs que quelqu'un d'autre pourrait avoir. Si cela ne vous met pas la tête à l'envers, alors pensez à la dernière relation dans laquelle vous étiez lorsque vous vous êtes pris la tête en essayant d'entrer dans le moule de quelque chose que vous n'étiez pas vraiment capable de faire. J'ai vu toutes sortes de gens le faire et je l'ai fait moi-même. J'ai essayé de me changer pour adapter mes idées au point de vue de quelqu'un d'autre. Cela fonctionne sur quelle base ? Quand vous faites cela, de qui divorcez-vous ? De vous !

Dans les séminaires Access je parle de l'A, B, C du sexe. La première fois, c'est pour le plaisir ; la deuxième fois vous êtes dans une relation et la troisième fois vous êtes en route pour l'autel. Un de mes amis pensait que je racontais des conneries quand j'ai dit cela. Il a décidé qu'il le testerait, puis il est revenu vers moi et m'a dit : « Tu avais raison ! »

Il m'a dit qu'il ne pensait pas que c'était vrai pour lui parce qu'il était très direct sur ces choses-là. Il a dit qu'il avait été très clair avec la personne suivante avec laquelle il avait couché. Il lui avait dit : « J'adorerais avoir des rapports sexuels avec vous mais je ne suis pas intéressé par une relation suivie. Ça va être amusant et euphorisant si vous êtes prête à y aller. » Et elle a dit : « Absolument. Je ne suis pas intéressée par une relation suivie non plus. »

Alors ils ont couché la première fois et il a dit que c'était génial. La deuxième fois, elle voulait passer la nuit. Au moment où ils se sont réveillés le lendemain matin, il a dit : « La morosité avait commencé. » ; bien qu'ils avaient tous deux convenu qu'ils ne voulaient pas d'une relation. Sans compter qu'elle a marqué le territoire avec quelques signes révélateurs de sa présence, elle a oublié ses boucles d'oreilles et une culotte dans le lit. Ils ont continué à avoir des relations sexuelles l'un avec l'autre pendant un certain temps et ont convenu qu'ils auraient des rapports sexuels avec d'autres personnes aussi ; et c'était euphorisant et amusant jusqu'à ce qu'elle découvre qu'il avait couché avec quelqu'un d'autre. Elle voulait le tuer. Et il a dit : « La même chose s'est produite avec les dix femmes suivantes avec qui j'ai eu des relations sexuelles. »

Les hommes font l'A, B, C du sexe autant que les femmes. Après avoir divorcé de ma première femme, je me souviens le matin sous la douche, après avoir eu des rapports sexuels avec une autre femme pour la première fois. Je me suis dit : « Je me demande si c'est la bonne ? »

Est-ce la bonne ? Je ne connais même pas son nom de famille et je me demande si c'est la bonne ! J'ai pensé : « Je ne peux pas le croire ! Je viens à peine de sortir d'un mariage. Je ne veux pas repartir dans un autre. »

Nous plongeons automatiquement dans ces schémas parce que nous sommes programmés pour évoluer sur ce terrain. C'est ce que tout le monde fait. La première fois, vous n'essayez pas de posséder la personne, vous vous amusez seulement. La deuxième fois, vous commencez à attacher une signification à ce que vous faites et vous commencez à créer la réalité que vous avez jugé que vous deviez créer si vous faites l'amour. Eh bien, vos parents vous l'ont dit : « N'aie pas de relations sexuelles, à moins d'être dans une relation. » « Ne couche pas avec elle, à moins que tu ne l'épouses. » L'importance que vous mettez sur ceci crée une limitation et ce que vous faites ne s'exprime plus comme la qualité illimitée de la sexualness.

Ce que vous cherchez est une vie sexuelle toujours en expansion, et non des rendements décroissants. Un jugement est toujours nécessaire afin de rendre quelque chose important et donc quand vous commencez à rendre quelque chose important, alors vous commencez à faire décroitre les rendements.

A quoi ressemble le sexe en tant qu'expression joyeuse de la vie ?

Rappelez-vous comment était votre dernier orgasme, même si c'était il y a 100 ans. Tirez cette énergie à travers vos pieds et laissez la s'échapper par le haut de votre tête. Comment se sent votre corps quand vous faites ça ? Plus dynamique ? Plus vivant ? Si vous continuez à laisser se développer cette qualité orgasmique alors vous devenez une véritable invitation pour votre partenaire à désirer plus de sexe. Son corps veut cette même vibration. Tout ce que vous avez à faire est de continuer à tirer cette énergie à travers votre corps.

Ce que nous recherchons ici, la sensation de la capacité orgasmique de la vie et la célébration que la vie devrait vraiment être. Jugez-vous que le sexe est trop sérieux pour qu'on s'amuse avec ? Que vous ne pouvez pas rire pendant l'orgasme ? Que vous ne pouvez pas lui donner tellement d'orgasmes qu'elle en vienne à rire hystériquement parce qu'elle ne peut plus en supporter l'intensité ?

Avez-vous déjà eu une relation où l'on pouvait se câliner comme des chiots ? En quelque sorte vous roulez simplement l'un sur l'autre et appréciez de toucher le corps l'un de l'autre ? Vous ne cherchez pas à obtenir quelque chose. Vous n'essayez pas de faire quelque chose. Vous êtes tout simplement là, à confortablement permettre à vos corps de s'entrelacer. Cette sensation d'être comme des chiots est un espace où vous commencez à jouer avec votre corps et jouer avec le corps de l'autre personne au lieu de vous prendre au sérieux. Ce corps est fait pour qu'on s'amuse avec lui.

Le point de vue est : « Cela à l'air amusant. » Que pouvez-vous faire d'autre ? Quelles sont les autres possibilités ? J'espère que vous aurez un peu de cette curiosité et laisserez aussi un soupçon d'amusement et de la vitalité s'aventurer dans les autres parties de votre vie.

QU'EST CE QUI CRÉE VOTRE ÉNERGIE SEXUELLE ?

Qu'est ce qui crée votre énergie sexuelle ? Est-ce l'attraction que quelqu'un ressent pour vous, vos hormones ou ce que vous décidez de créer dans votre propre tête ?

Est-ce vous qui êtes excité ou votre corps ? Que faites-vous pour exciter votre corps ou pour calmer son appétit ? Avez-vous tournez tous les boutons de réglages au minimum ? Vous est-il déjà arrivé de garder votre énergie sexuelle éteinte pour qu'elle ne devienne pas hors de contrôle ? N'avez-vous jamais pensé : « Je me fiche de combien j'ai pu m'amuser dans le passé. Je me souviendrai toujours à quel point c'était cool, mais je ne me laisserai jamais aller aussi intensément à nouveau. »

Si vous êtes dans l'infinité de votre façon d'être, alors vous êtes dans la sexualness totale tout le temps. Le point de vue humain, c'est que vous devez allumer et éteindre votre sexualness. « Oh, cette fille m'excite. » « Ce gars m'excite. » Excusez-moi ! Pourquoi n'êtes-vous pas excité tout le temps ? Quand je vous ai demandé de tirer l'énergie de l'orgasme à travers vos pieds et de la laisser s 'échapper par le haut de votre tête, votre corps se sentait très bien. N'est-ce pas ? Pourquoi ne pas le faire tout le temps ? La raison pour laquelle vous pourriez ne pas laisser cela se produire, est que si vous le faites, vous voulez bien être vu pour qui vous êtes vraiment.

Avez-vous déjà remarqué des gens qui s'habillent de manière sexy, à part qu'il n'y a pas un soupçon de sexualness en eux ? Ils projettent une image de ce qu'ils pensent être sexuel, mais ils ne projettent pas de sexualness. Et avez-vous déjà vu quelqu'un marcher dans la rue vêtu de vêtements sales et vous pensez : « Oh, cette fille est sexy. » « Ce mec est sexy. » Pourquoi ? Parce qu'ils incarnent leur sexualness. Ils ne la revêtent pas. Ce n'est pas une image qu'ils projettent. C'est la réalité de qui ils sont. La sexualness n'a rien à voir avec votre apparence. C'est qui vous êtes.

J'ai une amie qui vit et pense à sa sexualness tout le temps ; et elle fait l'amour en permanence. Elle a de petits seins, une paire de miches assez imposante, un petit ventre et une chevelure terne. Elle n'est pas une belle fille, mais quand elle marche dans la rue tous les gens pensent qu'elle est à tomber. Il n'y a aucune partie de son corps qui soit belle, mais sa façon d'être elle-même, sa sexualness et sa présence sont attirantes pour tout le monde, et les gens sont toujours en train de la draguer. La sexualness n'a rien à voir avec les parties du corps ; c'est ce que vous avez à l'intérieur.

Lorsque vous incarnez la totalité de votre sexualness, vous incarnez la capacité à recevoir de n'importe qui ; ça n'a pas d'importance qui vous regarde ou pense de vous que vous êtes super. Mais ce qui se passe souvent, c'est que nous atténuons notre sexualness parce que nous pensons que c'est mal d'être comme ça. La répression est la façon dont nous nous dominons, manipulons et nous contrôlons nous-mêmes. Quand vous n'incarnez pas la grandeur de qui vous êtes et n'êtes pas disposés à la recevoir, lorsque vous ne tirez pas l'énergie vers vous, quand vous n'êtes pas la qualité orgasmique de la vie alors les gens se détournent. Vous vous contractez, vous vous comprimez et vous êtes dans le déni de qui vous êtes en totalité. Sinon, les gens sont attirés par vous. Ils viennent vers vous tout le temps.

Il ne s'agit pas de réprimer une partie quelconque de vous. Vous voulez être en mesure de vivre toutes choses avec aisance, joie et gloire.

Si vous souhaitez recevoir en abondance dans votre vie, alors vous devez être prêt à recevoir tout... que ce soit de l'argent ou de la sexualness.

SIMULTANÉITÉ D'OFFRIR & RECEVOIR OU DONNANT-DONNANT ?

Ce monde est à peu près fondé sur la pratique du donnant-donnant.

C'est un point de vue qui dit : je vous donne ceci, alors vous me donnez cela. Si je te fais une gâterie, alors tu dois aussi m'en faire une. C'est une modalité d'échange, dans laquelle nous sommes tous enfermés. D'un autre côté offrir, c'est votre capacité à donner à quelqu'un, et dans ce don vous recevez également. En offrant il n'y a pas d'échange distinct qui se produit. Le cadeau est recevoir et recevoir est le cadeau, simultanément. Lorsque vous avez cela, vous avez les éléments qui vous permettent de vraiment avoir un sentiment de communion avec toutes choses.

Sortez de l'idée de l'échange d'énergies et prenez conscience que toute énergie est communicative. C'est une autre façon de voir ce que vous donnez à quelqu'un. Vous leur offrez et, ce faisant,... vous recevez en même temps.

Lorsque vous avez un parterre plein de belles fleurs elles vous offrent leur parfum et leur beauté, et ne demandent rien en retour. Ce qu'elles reçoivent de vous est l'énergie que vous leur donnez et la gratitude que vous exprimez qu'elles soient aussi belles.

Quand vous sortez dans la nature, vous offre-t-elle quelque chose ? S'attend-elle à autre chose en retour ? La nature offre tout ce qu'elle a tout le temps et par conséquent, elle reçoit de tout le monde. Les arbres fruitiers créent les fruits et vous les offrent totalement. Est-ce qu'ils retiennent quoi que ce soit de ce qu'ils vous donnent ?

Avez-vous jamais promis quelque chose à votre partenaire afin d'obtenir ce que vous vouliez ? Il s'agit d'un point de vue insensé. Cela vous met dans une situation de donnant-donnant où vous donnez dans le but d'obtenir. Vous n'êtes pas dans le don à l'autre, parce que le don est le respect de soi-même ; là vous faites du commerce. Vous mettez un prix dessus. Vous continuez à le faire comme si ça allait produire un résultat, mais ça ne marche pas parce que les gens ne sont pas prêts à se vendre eux-mêmes. Même les prostituées ne sont pas prêtes à se vendre elles-mêmes. Elles aussi souhaitent être honorées.

La plupart d'entre nous nous retrouvons dans la logique du donnant -donnant.

Cette logique n'est pas : « Je vais te faire une gâterie parce que j'aime le goût, j'aime l'odeur, j'aime tout en ça et waouh, n'est-ce pas amusant, comment puis-je en obtenir plus ? »

Cette logique n'est pas : « Je reçois tellement de plaisir en le faisant. » ... mais c'est ce que cela pourrait être.

Une partie de la difficulté dans les relations amoureuses, c'est que tant d'entre elles sont basées sur : « Si je fais ceci pour toi, alors tu vas faire cela pour moi. » « Si je donne ceci, alors tu vas donner cela. » C'est à dire : « Si je donne, alors j'obtiens. » Vous faites des compromis. Quand vous faites du donnant-donnant, cela crée une obligation. Cela n'honore pas la simultanéité d'offrir et recevoir et ce n'est pas la façon de créer la communion qui est vraiment possible.

Dans l'univers du donnant-donnant vous pensez que si vous donnez suffisamment alors l'autre personne vous donnera en retour. Non ! Si vous faites un cadeau, vous ne vous préoccupez pas si un jour ils vous donneront quelque chose en retour. Lorsque vous offrez vous vous ouvrez à recevoir de la part de tout dans l'univers, et pas seulement de la personne avec qui vous êtes. Lorsque vous êtes dans le donnant-donnant vous attendez d'une personne qu'elle vous retourne l'énergie que vous avez donné, ce qui est un faible retour par rapport au vaste flux qui est possible. Lorsque vous offrez en totalité, vous vous ouvrez à recevoir la totalité de l'univers et l'intensité infinie de la sexualness devient possible.

Vous devez être prêt à recevoir de la totalité de l'univers. C'est comme ça que ça fonctionne.

Si vous êtes dans le donnant-donnant alors c'est un échange. Voulez-vous échanger des fluides corporels ou voulez-vous offrir à la personne parce que vous tenez à elle ?

COMMUNION OU RELATION ?

Parfois les gens me disent : « Je suis prêt pour la communion avec quelqu'un. » Dès que je les entends dire : « ... avec quelqu'un. » Je sais qu'ils sont dans une relation, même s'ils prétendent qu'ils sont dans une communion. Ne vous leurrez pas en pensant que vous êtes dans la communion ; la communion ce n'est pas avec quelqu'un. La communion c'est avec tout. Lorsque vous êtes en mesure d'avoir une communion avec tout, alors vous pouvez tout recevoir. Cela affectera non seulement votre vie sexuelle et vos relations amoureuses, ça se répercutera aussi sur votre argent et dans tous les autres domaines de la vie parce qu'il s'agit de la capacité à recevoir.

D'un autre côté, dans la relation tout est un actif ou un passif. Il s'agit du solde du compte bancaire de votre relation. Vous investissez dans votre relation. Vous pensez que tout cela est un actif et vous apercevrez ensuite que le tout est un passif. Puis c'est fini. Reconnaissez qu'il y a une façon différente de fonctionner. Cela s'appelle la communion.

J'ai un cheval qui s'emballe facilement et ne veut jamais obéir à personne ; l'obéissance ne fait pas partie de ses qualités. Dain n'est pas un cavalier expérimenté, mais il voulait vraiment monter ce cheval et me demandait tout le temps si il pouvait le monter, jusqu'à ce que finalement je cède et le laisse faire. Le cheval a jeté un coup d'œil à Dain et s'est dit : « Tu es à moi ! » Même s'il ne veut pas obéir au cavalier le plus expert, il fera tout ce que Dain lui demande parce que lui et Dain sont en communion et une connexion qui défie les lois de cette réalité, qui seraient : « Je suis le propriétaire ; tu dois faire ce que je veux ».

Dain peut monter ce cheval avec un licol. Personne d'autre dans le monde n'oserait le monter avec un licol. Le cheval a montré à Dain comment sauter et Dain peut maintenant faire des choses avec lui qui ont fait dire à quelqu'un montant à cheval depuis dix ans : « Je ne peux pas croire que vous ayez réussi à faire faire ça à votre cheval. » La réponse de Dain fut : « Je ne l'ai pas fait faire à mon cheval. Je le lui ai demandé et il l'a fait. »

Beaucoup de gens sont prêts à être dans ce genre de communion avec un animal, mais ils ne sont pas prêts à l'être avec leur partenaire. Ils ne veulent pas savoir ce que leur partenaire désire vraiment. Ils affirment qu'ils veulent qu'on leur dise : « Dis-moi ce que tu veux. »

Et leur partenaire dit : « Je n'arrive pas à croire que je dois te dire ce que je veux que tu fasses. » Hum ? Être en communion leur permettrait d'exprimer réellement ce qui est possible. Si vous êtes en communion et que la communication verbale est nécessaire, non seulement vous le saurez, mais vous serez prêt à l'avoir. Vous serez prêt à demander ce que vous aimez. « Oh, ça c'est vraiment bon. Peux-tu faire un peu plus ça ? Juste un peu plus bas s'il-te-plaît. »

Demandez et vous recevrez.

VOULEZ-VOUS VRAIMENT RECEVOIR ?

La plupart d'entre nous limiterons recevoir à seulement « je mange, je bois, je prends une douche, je change mes vêtements et j'achète des choses. » C'est ce qu'est recevoir pour la plupart des gens sur cette planète. C'est surtout lié à l'aspect donnant-donnant de la réalité et non à offrir et recevoir.

Êtes-vous quelqu'un qui a tendance à travailler dur pour obtenir le résultat voulu ? Travaillez-vous un peu trop dur, en général ? Quand vous faites cela, vous n'êtes pas disposé à recevoir, vous êtes seulement disposé à donner. Vous donnez, donnez et donnez avec l'idée que d'une façon ou d'une autre vous allez recevoir un peu de cela en retour. Ou alors êtes-vous quelqu'un qui n'est pas disposé à recevoir parce que vous pensez que ça signifie que vous devrez donner quelque chose en retour ? Vous ne laissez rien entrer parce que vous ne voulez rien voir sortir.

Apprendre à recevoir est la meilleure chose que vous puissiez faire. La limitation de l'argent, la limitation du sexe et la limitation de la relation est basée sur ce que vous n'êtes pas disposé à recevoir. Plus nous sommes libres dans ce que nous pouvons avoir et plus nous pouvons recevoir. C'est la plus grande limitation que je vois dans la vie des gens. Ils ne recevront pas certaines choses.

Si vous voulez savoir comment augmenter votre capacité à recevoir, alors allez en ville faire du lèche-vitrine et regardez toutes les choses dans toutes les vitrines. Chaque fois que vous regardez quelque chose et pensez : « Je déteste ça. » ou « Je n'aime pas ça. » détruisez et défaites chaque décision que vous avez prise qui crée ce point de vue. Dites-vous intérieurement ou à haute voix : « je détruis tout ce qui crée ce point de vue. »

Une fois que vous pouvez regarder n'importe quoi et dire : « Oh ! C'est intéressant », « C'est joli », « C'est inhabituel », « C'est différent », alors vous pouvez commencer à tout recevoir. Vous n'avez pas un point de vue arrêté sur ce à quoi quelque chose doit ressembler et quelque chose de totalement différent peut alors entrer dans votre vie. Au fait, cela ne signifie pas que vous devez acheter tous les trucs laids que vous voyez.

Je marchais tout le temps dans les crottes de chien. J'en avais sur mes chaussures et ça me rendait dingue parce que je ne pouvais pas en supporter l'odeur. J'ai finalement dit : « Très bien. Je dois en finir avec cette histoire de crotte de chien. Je dois être en mesure de recevoir les crottes de chien. » J'ai commencé à une technique d'Access appelé Points de Création pour pouvoir surmonter ce problème de crotte de chien.

Puis un jour je suis sorti de la voiture et j'ai entendu : « Attention ! » Quand j'ai regardé par terre, j'ai vu que j'étais sur le point de marcher dans un tas de crottes de chien. J'ai fait trois pas en avant et j'ai entendu : « Je suis ici ! » et il y en avait une autre pile. Bon, vous ne voyez normalement jamais des tas de merde de chien à un mètre les uns des autres, en particulier à Santa Barbara, et depuis lors la merde de chien me dit qu'elle est là. Je n'ai jamais plus marché dedans. Maintenant, je m'en fiche.

Dain m'a parlé d'un jour où il courait sur un sentier dans les montagnes au-dessus de Santa Barbara. Il a commencé à penser : « Waouh. Ils ont de gros serpents ici. Je me demande ce qui arriverait si je me faisais mordre par un serpent à sonnettes. » Après deux kilomètres de course, il allait sauter par-dessus un petit ruisseau et alors qu'il était dans les airs, il a vu un crotale Diamantin de l'autre côté, au milieu de la piste qui le regardait. Alors qu'il était encore en l'air, sans trop comprendre comment il se retourna et revint de l'autre côté. Il se tenait là et regardait le serpent. C'était le crotale diamantin le plus beau qu'il ait jamais vu. Le serpent était assis là et le regardait et Dain a pigé : « Oh ! Tu me faisais savoir que tu étais ici, n'est-ce pas ? »

Il était disposé à recevoir les informations qu'il y avait un serpent sur la piste mais il n'était pas disposé à reconnaître ce que cela signifiait. L'information est là, si nous sommes disposé à la recevoir. C'est là que la question : « Qu'est-ce qui vrai à ce propos que je ne comprends pas ? » intervient. Dans le cas de Dain c'était : « Oh. Très bien. Y a-t-il un serpent là-bas devant moi ? Oui. Très bien, alors, je vais être un peu plus prudent. »

Souvent, dans une relation amoureuse, quand vous n'êtes pas prêt à voir le serpent à sonnettes, vous prenez une décision comme : « Oh ! Elle est la plus belle femme du monde. » Vous avez déjà décidé qu'elle est belle et vous ne verrez pas qu'elle fait des choses méchantes. Vous ne verrez pas où elle sème la zizanie. Vous ne verrez pas. Vous avez pris votre décision. Vous avez fait votre choix et vous ne verrez rien d'autre.

Vous allez obtenir un résultat négatif parce que vous n'êtes pas disposé à tout recevoir. Si vous êtes disposé à recevoir qu'il y a du bon, du mauvais et du laid dans chaque personne, alors vous pouvez regarder ce qu'ils font et vous pouvez avoir une totale confiance en eux. Vous savez qu'ils vont vous faire souffrir. Vous savez qu'ils vont vous baiser pour des clopinettes. Vous savez ce qu'ils vont faire et ce n'est pas surprenant. C'est là que les gens se fourvoient dans leurs relations. Ils décident que quelqu'un est parfait et ils essaient de ne voir que le bien.

Pouvez-vous voir ce que quelqu'un fait lorsque vous n'êtes pas prêt à tout voir à leur sujet ? Si vous n'êtes pas disposé à recevoir leurs limites, êtes-vous vraiment prêt à avoir une relation avec eux ? Vous avez pris une décision et vous avez porté un jugement, et ce faisant, vous ne pouvez pas être conscient de ce qui ne correspond pas à ce jugement.

CORPS, OÙ VEUX-TU ÊTRE TOUCHÉ ?

L'une des façons grâce à laquelle vous pouvez développer votre conscience de ce que le corps de votre partenaire veut, c'est de demander à son corps ce qu'il aimerait et suivre tout ce qu'il vous dit. Vous n'avez pas à demander à haute voix, bien que ce soit une possibilité, et vous pouvez aussi le faire dans votre tête. Partez du principe que si vous demandez au corps où il veut être touché, il vous dira où placer vos mains. Il vous suffit de demander au corps de votre partenaire ce qu'il veut et faire confiance à vos mains pour réagir.

Cela vous prépare à la base la plus importante d'un rapport sexuel génial, qui est de suivre l'énergie. Comme toute autre chose il faut simplement pratiquer. Il vous suffit de demander au corps de l'autre personne : « Corps, où aimerais-tu être touché ? » « Corps, de quoi as-tu besoin ? » pour savoir que vos mains iront là automatiquement. Le dos peut avoir besoin de beaucoup de massage en profondeur pour libérer toute la tension qui a été créée. Les pieds peuvent vouloir être massés ou le ventre peut vouloir être caressé doucement pendant un long moment.

Tout ce que vous faites consiste à être attentif et bienveillant et vous êtes dans cet état de conscience quand vous touchez le corps de l'autre personne. La guérison fait partie de la réalité de la vraie sexualness. Votre corps va tenter de guérir le corps de votre partenaire. Et son corps va alors essayer de guérir le vôtre ; ce qui sera euphorisant pour tous les deux. Ce n'est vraiment rien de plus que de demander au corps : « Corps. où voudrais-tu que je te touche ? »

Avez-vous déjà reçu un massage de quelqu'un qui appuyait trop fort et ça ne faisait pas du bien ? Il ne parlait pas à votre corps et ne lui laissait pas dire ce qu'il souhaitait recevoir. Quand quelqu'un parle réellement à votre corps, il le touche comme il faut. C'est exactement ce que vous voulez avec les rapports sexuels, une personne qui touche votre corps et le touche comme il faut. La sexualness c'est guérir, c'est prendre soin, c'est nourrir, c'est créatif, c'est un euphorisant et ça vous guérit vous et votre partenaire.

Si vous parlez au corps de votre partenaire pendant que vous faites l'amour, son corps vous dira ce que vous devez faire. Il vous dira comment ralentir ou à quelle vitesse se déplacer. Soyez toujours disposé à ralentir. L'intensité augmente avec la lenteur et la douceur, pas avec la rapidité, la force et la friction. Plus vous allez lentement, plus ça devient intense, parce que l'autre personne commence à anticiper.

Une sexualness géniale et euphorisante consiste à demander au corps ce qu'il veut et à suivre l'énergie. Il ne s'agit pas de la friction, il ne s'agit pas de la force, il ne s'agit pas de la violence, ni des techniques que vous utilisez. Certaines personnes sont adeptes de techniques telles que celles qui sont enseignées par des praticiens de sexe tantrique, mais nous avons découvert que c'est en fait une perspective réellement limitée, car elle encourage l'utilisation de techniques plutôt que d'être conscient.

Si vous suivez l'énergie vous saurez exactement où toucher quelqu'un. Avec les techniques, le sexe devient une façon de faire et vous voulez que soit une façon d'être. La sexualness est toujours une façon d'être. Cela fait partie de qui nous sommes. Si vous voulez être bon au lit, alors commencez à demander au corps de votre partenaire ce qu'il veut et créez le avec lenteur et douceur.

Suivre l'énergie est un processus continu. Vous continuez à être conscient. Vous touchez le corps où il demande à être touché, vous remarquez une différence dans l'énergie et vous demandez alors : « Très bien. Que veux-tu que je fasse d'autre ? » « Quelles sont les autres possibilités ? » Vous reconnaissez que le corps tout entier est un organe sexuel et vous êtes dans un état constant de mouvement et de conscience de ce qu'il demande et de la manière dont il réagit à ce que vous faites.

Ce que certaines personnes ont tendance à faire est de demander au corps ce qu'il désire et de se concentrer sur ce point-ci. « Très bien », pensent-ils, « Je vais mettre mon attention sur les seins et c'est tout ce que je dois faire. » Mais la vérité est que focaliser sur les seins peut ne pas être ce que désire le corps. Vous devez recevoir en continu les informations que le corps donne et offrir de façon continue à la personne avec qui vous êtes. Même pendant que vous touchez le corps en réponse à sa demande vous êtes conscient de ce qui se passe pour lui en réaction à votre toucher et vous prêtez attention à ce qu'il veut ensuite. Nous appelons ceci le processus de prise de conscience continue, en restant dans le sujet.

Plus tard, nous allons expliquer comment donner à votre partenaire, homme ou femme, un orgasme du corps entier. Nous espérons que vous allez apprendre à demander au corps de votre partenaire ce qu'il veut et faire confiance à votre corps pour répondre à sa demande, car c'est ainsi que vous commencez à y arriver. L'important est de pratiquer, pratiquer et pratiquer aussi souvent que vous le pouvez.

CORPS, AVEC QUI DEVRAIS-JE COUCHER ?

Combien de fois avez-vous décidé d'avoir des rapports sexuels avec une personne en raison de la taille et de la forme des parties de son corps au lieu de vous baser sur ce que votre corps désire ?

Si nous demandons à nos corps de nous montrer avec qui coucher, ils nous diront ce qui est le mieux pour eux. Lorsque vous laissez votre corps vous dire qui prendra le mieux soin de lui et quel type d'énergie va lui faire du bien, alors vous serez en mesure d'accroître ce que vous pouvez accomplir avec votre corps. Sinon, le sexe devient une limitation. Vous allez dans la force et la violence avec le sexe parce que vous essayez d'ignorer ce que votre corps sait être bon pour lui.

Commencez à parler à votre corps et demandez-lui de vous montrer avec qui coucher. J'avais posé cette question à mon corps et un dimanche à Santa Barbara, alors que je me promenais dans un marché aux puces. J'ai senti un appel de mon corps. Je me suis retourné et c'était la femme la plus laide que j'ai jamais vu de ma vie. « Oh, génial. » J'ai pensé : « Je dois coucher avec elle ? » Je continuais à marcher et j'ai senti un autre appel, j'ai regardé dans cette direction et il y avait un mec gay et je me suis dit : « Oh. Maintenant, je suis gay et j'aime les gens laids. » Je marchais un peu plus loin et j'ai senti un autre appel. J'ai regardé et il y avait une vieille dame en déambulateur et j'ai pensé : « Laid, gay, et vieux. Mes options s'étiolent rapidement. » En continuant ma promenade, je me suis senti un autre appel et il y avait un garçon de dix ans et j'ai pensé : « Maintenant je suis un pédophile. Corps, qu'essayes-tu de me dire ? »

Tout d'un coup j'ai compris ! C'était l'énergie que ces personnes avaient en commun. Tous ces gens avaient une certaine énergie qui nourrissait mon corps. Je n'avais jamais demandé à mon corps ce qui le nourrissait ou ce qui serait merveilleux pour lui en matière de sexe. J'avais toujours adopté le point de vue : « Alors. Je veux la belle femme là-bas avec le corps de rêve. » J'avais tous ces critères de ce qui était génial, mais je n'avais jamais demandé à mon corps ce qu'il désirait.

C'est quelque chose que la plupart d'entre nous faisons. Nous invalidons les choix de notre corps. Mais si vous laissez votre corps vous dire ce qui va le nourrir et quel type d'énergie va lui faire du bien, alors vous serez en mesure d'élargir ce que vous accomplissez avec votre corps.

J'ai regardé beaucoup de mes amis choisir continuellement des femmes qui ne sont pas du tout faites pour eux. Je les regarde et leur dis : « Cette femme va te manger. »

Ils disent : « Non ! Elle est bien, elle est merveilleuse et elle est tout ce que j'ai toujours voulu. » Cinq semaines plus tard, ils se plaignent : « Elle me harcèle. Je ne peux pas me débarrasser d'elle. Elle est folle. Elle est cinglée. Pourquoi est-ce que je choisis toujours des femmes comme ça ? » Et ils continuent à choisir la même femme, encore et encore dans un corps différent.

Commencez à parler à votre corps et demandez-lui de vous montrer qui est une source de bien-être pour lui. Si vous finissez par sentir que l'homme marié du bout de la rue est celui qui va vous prendre soin de vous, reconnaissez que quelqu'un d'autre a vraiment eut de la chance.

Il ne s'agit pas d'avoir cette personne, il s'agit du type d'énergie que vous devez trouver si vous voulez vraiment créer une relation amoureuse extraordinaire, merveilleuse et euphorique.

COMMENT IL OU ELLE TOUCHE LES CHOSES ?

Pour une sexualité épanouie vous voulez un partenaire qui est sensuel.

Si vous êtes intéressé par une femme, regardez comment elle touche les choses. Quelqu'un qui caresse tout dans sa vie vous caressera aussi. Quelqu'un qui claque les choses et les déplace rapidement vous utilisera de la même façon. Une femme qui mène quand vous dansez va aussi vous brusquer.

Un de mes amis m'a raconté qu'une femme avec laquelle il flirtait lui a dit : « Permettez-moi de vous masser les épaules. »

Il a répondu : « D'accord ». Et elle l'a saisi et a commencé à lui malaxer agressivement les épaules. Il m'a dit : « C'était la fin du flirt, merci bien. » Il a ainsi su tout ce qu'il devait savoir. Il ne voulait pas aller dans le mur.

Les gens vous en disent beaucoup juste de la façon dont ils bougent leurs mains et ce qu'ils font avec. Regardez comment ils bougent leurs corps. Les gens qui aiment leur corps se déplacent différemment des personnes qui ne l'aiment pas. Quand vous étreignez les gens, remarquez ceux qui sont rigides contre vous. Sentez-vous ceux qui ne sont pas disposés à recevoir quoi que ce soit de vous et ceux qui tentent de vous donner tout le temps. Ils poussent vers vous au lieu de vous inviter. Remarquez ceux qui se déplacent pour vous et vous reçoivent. Cela va commencer à vous donner une indication de la façon de choisir la personne avec qui être. S'ils ne vous reçoivent pas réellement dans une étreinte, alors ils ne vous recevront pas non plus au lit. Les gens vous feront savoir si vous les intéressez. Beaucoup d'entre eux vous regarderont et diront : « Oh ! Je te veux. » Mais ensuite, ils vont vous étreindre et vous saurez que ce n'est pas ce que vous voulez.

Si vous êtes intéressée par un homme, regardez comment il tient son verre de vin. Est-ce qu'il le caresse ? Alors il va vous caresser. Remarquez comment il étreint. S'il force l'énergie vers vous et s'il n'est pas prêt à fusionner avec vous, il ne va pas être bon au lit. J'ai parlé avec beaucoup de femmes concernant leurs relations avec les hommes et je leur ai demandé : « Que fait votre mari ? »

Si elles disent : « C'est un charpentier. » Je leur demande : « Est-ce qu'il vous traite comme une planche ? Est-ce qu'il vous martèle ? »

La plupart du temps, elles disent : « Oui ! »

Souvent, avec des charpentiers, tout doit être à angle droit. Tout est bien ou mal, bon ou mauvais. Il ne s'agit pas de toucher. S'il fait de la menuiserie lourde, il y a de fortes chances que ce sera sa façon procéder avec votre corps, lourde également. Vous ne serez qu'un autre bout de bois qu'il doit clouer.

Quand je demande à des femmes qui sont mariées à des ébénistes si leurs maris sont sensuels, elles disent : « Oui. Il est très sensuel. » Un ébéniste regarde le bois, en sent le grain et voit comment ça travaille. C'est ce que vous voulez, quelqu'un qui travaille avec la nature et en apprécie toutes les dimensions.

AIMERIEZ-VOUS CRÉER UNE GRANDE INTIMITÉ ?

La relation la plus extraordinaire que j'ai jamais vue était entre Mary, une amie de 94 ans, et son mari Bill. Je n'ai jamais vu un couple plus attentionné l'un envers l'autre que ces deux personnes. L'énergie qui s'écoulait entre eux était si belle.

Mary a été élevée en Angleterre par sa grand-mère de l'époque Victorienne et est venue aux États-Unis au début des années 1920. C'était une personne remarquable et elle a passé sa vie à faire de la recherche métaphysique.

Vers la fin de sa vie Bill était atteint de la maladie d'Alzheimer. Il est arrivé au point où il ne pouvait se souvenir de rien et il posait les mêmes questions à Mary encore et encore. Mais elle ne s'est jamais énervée à ce sujet. Elle a simplement répété la même réponse ou information, comme s'il ne lui avait jamais posé la question auparavant.

J'ai appris de Mary les cinq éléments pour créer une grande intimité. Elle m'a montré que pour devenir intime avec son partenaire, on commence toujours au préalable par devenir intime avec soi-même. Je l'ai vue mettre continuellement en pratique ces cinq éléments, le respect, la confiance, les concessions, la vulnérabilité et la gratitude dans sa relation avec Bill.

Respect

Le premier élément pour créer une grande intimité, c'est le respect. Comme je l'ai dit : « Cela commence par vous respecter vous-même. » Vous avez de l'intimité avec vous-même et vous vous respectez. Ne vous séparez pas de parts de vous-même, ne les refusez pas ou ne les supprimez pas. Vous prenez soin de vous et faites ce qui est bon pour vous. Ensuite, vous devez respecter votre partenaire. Respecter votre partenaire c'est le traiter avec égard. Vous ne doutez pas que l'autre personne va prendre soin d'elle-même, va faire ce qui est bon pour elle et vous respectez cela. Et en même temps vous faites ce qui est bon pour vous.

Bill par exemple, croyait qu'on ne vit qu'une seule fois, qu'on meurt et que c'est tout ce qu'il y a. Qu'on devient ensuite de la nourriture pour les vers. Il ne pouvait pas être plus en désaccord avec la vision de Mary sur la réincarnation, mais il respectait son point de vue. Et elle faisait de même avec lui. Ils n'ont pas débattu à ce sujet, ils ne se sont pas donnés tort et ils n'ont pas essayé de changer l'autre. Ils se sont complètement permis l'un à l'autre d'avoir chacun leur propre point de vue.

Si ce qui vous tient à cœur est d'aller monter à cheval et ce n'est pas ce que votre partenaire fait mais c'est ce que vous faites, alors vous vous respectez vous-même si vous montez à cheval. Vous ne manquez pas de respect à votre partenaire en attendant de lui qu'il apprenne l'équitation. Et il ne vous manque pas de respect en se fâchant parce que vous ne passez pas tout votre temps avec lui.

Dans mon propre couple, mon ex-femme dépensait l'argent aussi vite que nous pouvions le gagner : elle a souvent vidé nos comptes bancaires et fait des chèques sans provision. C'était difficile pour moi parce que je faisais des chèques à des personnes qui travaillaient pour moi pour découvrir ensuite qu'ils étaient sans provision. Finalement, j'ai commencé à mettre de l'argent de côté afin d'avoir assez d'argent pour couvrir la paye de mes employés. J'ai repayé les chèques sans provision avec l'argent que j'avais mis de côté et attendu qu'il y ait de l'argent dans le compte pour me rembourser

Il n'y avait pas une foutue chance pour que mon ex-épouse change ses habitudes financières peu importe ce que je faisais, peu importe ce que je disais et peu importe combien de fois nous en parlions. Elle ne pouvait pas changer. Elle ne le voulait pas. Elle pensait qu'elle gérait très bien l'argent. Je pouvais respecter le fait que c'était sa façon de faire les choses, et en même temps je pouvais me respecter moi-même en faisant en sorte d'avoir assez d'argent pour couvrir mes obligations. Mettre de l'argent de côté n'était pas lui manquer de respect, même si elle aurait pu trouver cela malhonnête, car cela ne comblait pas ses désirs.

Finalement, je suis arrivé à un point dans cette relation où je voyais que je me séparais de moi-même continuellement pour que notre mariage fonctionne. C'est ce que la plupart des gens font. Ils se séparent de parts d'eux-mêmes afin de créer une relation, c'est ce que Mary et Bill n'ont pas fait. A la fin, j'ai décidé de mettre fin à notre mariage et, ce faisant, j'ai fait de mon mieux pour respecter mon ex-épouse et moi-même.

Je n'ai pas dit : « Tu dois changer ces choses que je sais que tu ne peux pas changer. » J'ai dit : « Je sais que te demander de changer ces choses serait comme demander à un léopard de changer ses taches. Cela ne va pas se produire et ce serait te manquer de respect que de te demander ça. » Je me suis également respecté moi-même. Mon point de vue était : « A moins que ces choses ne changent, je ne peux plus vivre avec toi. »

Je me suis assuré qu'elle obtienne une compensation financière substantielle. Je ne voulais pas la tuer ou lui faire du mal. Je voulais honorer mon engagement envers elle en lui donnant un revenu décent pour les prochaines 10 à 15 années parce que j'avais promis que je le ferais. Je ne voulais pas être méchant et je ne voulais pas être mesquin, je ne pouvais simplement plus vivre avec elle. Ainsi, gérer le divorce de cette manière était une façon de me respecter et la respecter.

A l'opposé, quand on parle de respecter son partenaire, une dame dans une de mes classes avait décidé que Dain était l'homme parfait pour elle. Elle a appelé son mari et lui a dit que Dain s'intéressait à elle et qu'il devait changer ou alors elle irait avec Dain.

Dain n'avait même pas fait une telle proposition. Elle fonctionnait à partir de : « Mon mari ne fait pas ce que je veux alors je vais le contrôler. »

Elle ne se respectait pas elle-même, elle ne respectait pas son mari et elle ne respectait pas Dain non plus. Quand je lui ai posé des questions sur ce qu'elle avait dit à son mari, elle a répondu : « Je lui ai dit ça que parce que je voulais être honnête avec lui. »

Je lui ai dit : « Ce n'est pas honnête. C'est mesquin. C'est vachement cruel. Ce que vous avez fait c'est le poignarder. Pourquoi feriez-vous ça à quelqu'un que vous aimez ? Même si vous aviez décidé de le quitter, lui dire ça ne serait pas une chose honnête ou gentille à faire. » Elle ne le traitait pas avec égard.

Vous respecter vous-même et votre partenaire s'applique également au domaine des soi-disant aventures extra-conjugales. Quand la plupart des gens vont voir ailleurs et ont des rapports sexuels avec quelqu'un d'autre que leur partenaire, c'est pour tricher. Cela n'a rien à voir avec se respecter soi-même et ce n'est certainement pas respecter leur conjoint. Parfois cependant, avoir des rapports sexuels avec quelqu'un d'autre que votre partenaire peut consister à vous respecter vous-même. Nous avons travaillé avec des gens qui nous ont parlé de leurs relations sexuelles avec d'autres personnes et comment ça avait changé leur vie de façon vraiment bénéfique. Lorsque c'est le cas, il y a une énergie différente de la tromperie.

Un homme avec qui j'ai travaillé m'a dit qu'il avait vécu avec sa fiancée pendant un an et demi et qu'ils en étaient arrivés au point où ils avaient des rapports sexuels moins d'une fois par mois, et qu'il commençait à avoir des problèmes avec son corps. Un week-end, il est allé à un événement sans sa fiancée et y a rencontré quelqu'un avec qui il a eu des rapports sexuels. Son univers s'est ouvert et il a complètement changé la façon dont il se voyait lui-même. Il a dit : « Waouh. Attendez une minute, je ne suis pas mort. Je peux encore être désirable. Je ne suis pas un imbécile. Je ne suis pas un trou du cul. Je ne suis pas une mauvaise personne. » Il a eu des relations sexuelles avec cette femme une seule fois et est rentré chez lui. Le fait que cette femme l'ait reçu comme elle l'a fait fut extrêmement transformateur pour lui.

Cette expérience a été marquée d'un profond respect pour lui et lui a permis de devenir plus intime avec lui-même. Il a constaté que par la suite, il est devenu plus respectueux envers sa fiancée. Lorsqu'il est rentré à la maison, il ne lui a pas dit ce qu'il avait fait. Il a gardé cette prise de conscience pour lui.

Dans un tel cas, il n'y a pas besoin de le dire à l'autre car ça ne le ou la concerne pas. Il s'agit de ce que vous aviez besoin de savoir et de découvrir sur vous. Vous ne vous retrouvez pas avec un sentiment de culpabilité. Vous vous retrouvez avec une plus grande conscience de vous-même. Vous êtes plus en mesure d'être présent avec votre partenaire parce que vous avez cessé de vous séparer de parts de vous-même.

Souvent, quand je commence à en parler, les gens disent des choses comme : « Si jamais mon mari me trompait, je le tuerais ! »

Je veux que vous compreniez que tromper est vous manquer de respect, et c'est manquer de respect à votre partenaire. Si vous êtes dans une relation, que vous sortez, que avez des relations sexuelles avec quelqu'un d'autre et que vous le faites pour prouver que « je suis toujours sexy » ou « Il me désire », ce n'est pas vous respecter. Vous vous manquez de respect en fait.

Si ce que vous faites est une transgression à vos propres yeux, alors vous vous êtes manqué de respect, sans parler de l'autre personne. Une transgression indique que vous avez fait quelque chose de mal. Mais si vous avez été avec quelqu'un d'autre que votre partenaire et que c'est fait avec respect ça n'aura pas d'effet néfaste. Vous ne manquez pas de respect à votre partenaire parce que vous ne vous manquez pas de respect à vous-même. Cette distinction doit être faite.

C'est un point de vue beaucoup plus large que le point de vue conventionnel. Si votre partenaire a une aventure avec quelqu'un alors est-ce que c'est vraiment à propos de vous ou à propos de lui-même ? S'il le fait à partir dans le respect de lui-même, ça ne sera pas quelque chose qu'il a fait contre vous. S'il a besoin de le faire pour lui-même alors qu'il le fasse. Et il ne devrait pas vous en parler parce que ce serait vous manquer de respect.

Une fois, quand Mary et moi discutions de ce sujet, je lui ai demandé : « Est-ce que Bill t'a jamais trompée ? »

Elle a répondu : « Je n'en ai aucune idée mais s'il avait eu besoin de le faire pour se respecter lui-même, je suis sûr qu'il l'aurait fait. »

J'ai demandé : « Qu'en est-il des gens qui ont des aventures, rentrent à la maison et se donnent bonne conscience en le disant à leurs partenaires ? »

Elle dit : « Si vous rentrez chez vous et mettez vos sous-vêtements sales sur le visage de votre partenaire et vous lui demandez de prouver qu'il vous aime quand même, alors vous n'êtes vraiment pas gentil. Vous les jeunes pensez que vous devez partager votre linge sale dans le but d'avoir une relation amoureuse, mais vous vous trompez. Ce n'est pas ça respecter son partenaire. »

Le point de vue de Mary, c'est : « Ce n'est pas respecter l'autre personne de lui parler de ce que vous pensez être vos torts ou de la transgression que vous pensez avoir commise. » Elle dit : « Vous ne vous dégradez pas de cette façon. Vous ne dites pas aux gens des choses qu'ils ne peuvent pas entendre. » Elle estimait que véritablement honorer l'autre personne est de reconnaître qu'ils n'ont pas besoin de faire partie de cela.

Confiance

Le deuxième élément pour créer une grande intimité, c'est la confiance. Vous pourriez penser que la confiance signifie la foi aveugle. Avec ça, vous êtes aveugle à tout ce qui se passe. Non, vous ne voulez pas être aveugle. Vous voulez être conscient. Vous avez confiance que la personne fera toujours ce qui est le mieux pour elle. Vous n'avez pas la foi aveugle qu'il ou elle va vous être fidèle, qu'il ou elle va faire ce que vous voulez ou qu'il ou elle va répondre à vos attentes. Vous êtes conscient qu'il ou elle doit toujours prendre soin de lui ou d'elle-même. La confiance est tout simplement savoir que votre partenaire saura toujours ce qu'il ou elle va faire. Comme Mary le dit : « Je savais que je pouvais faire confiance à Bill pour être qui il était et faire ce qui était bon pour lui et qu'il me respectait toujours de toutes les façons qu'il pouvait. »

Vous ne faites pas confiance à l'autre personne pour faire ce que vous voulez qu'elle fasse. Vous lui faites confiance pour faire ce qu'elle veut faire. S'il a l'habitude de laisser la lunette des toilettes levée, alors vous êtes sûr qu'il le fera. Si elle va toujours dépenser tout l'argent pour des vêtements, alors vous êtes sûr qu'elle le fera.

Les personnes dont les partenaires sont alcooliques, par exemple, ont tendance à croire que l'alcoolique changera parce qu'ils les aiment tant. Ils s'attendent à ce que l'alcoolique devienne sobre grâce à la relation ou l'amour qu'ils ont. Mais vous ne faites pas confiance à un alcoolique pour s'arrêter de boire. Si vous faites cela, vous détruisez votre propre conscience ; vous rendez votre décision, sur ce que vous voulez, plus importante que votre conscience de ce qui est. La confiance est d'être conscient qu'il est alcoolique et sachant cela, qu'il va boire.

Je connais une femme dont le point de vue sur son mari était : « Il est merveilleux. Il est tout simplement fabuleux. Maintenant, si seulement je pouvais le faire changer ! »

Mais pourquoi voulez-vous épouser quelqu'un si vous pensez que vous devez le changer ? Aimez-vous acheter des maisons à retaper ? Pourquoi choisissez-vous des gens à retaper ? Vous ne préférez pas emménager dans une maison et être heureux de la façon dont elle est agencée ? Vous n'avez pas à vous contenter d'une poubelle à réparer. Prenez la maison que vous avez, voyez ce qui est génial à son sujet et ne vous attendez pas à ce qu'elle change. Les gens s'attendent à ce que leur partenaire se transforment en ce qu'ils veulent au lieu de voir en quoi il ou elle va vraiment se transformer. Et puis ils se mettent en colère parce qu'ils étaient sûrs que la personne changerait. Ce n'est pas de la confiance.

La confiance c'est : « Cette personne ne va jamais être différente de ce qu'elle est, à moins qu'elle ne le choisisse. » Soyez sûr que si vous commencez une relation avec quelqu'un qui a trompé son épouse, alors il vous trompera probablement aussi. Soyez sûr que, si elle a trompé son ex-mari pour être avec vous, alors elle le fera encore. Soyez sûr que le léopard est un léopard. Ce n'est pas un petit minou à présent. Et décidez à partir de ça si c'est la personne que vous voulez dans votre vie.

Il y a des années quand j'étais en colocation, les gens postulaient pour être mon nouveau colocataire et ils regardaient la maison, qui a toujours été très propre, et ils disaient : « Je suis une personne très propre. » Cela a toujours été un mensonge. Les gens vous diront ce qu'ils pensent que vous avez besoin d'entendre.

Ils disaient : « Oh, je partage ma nourriture. » Ce qui signifiait qu'ils mangeraient ma nourriture et seraient en colère si je mangeais le moindre morceau de la leur.

J'ai eu un colocataire qui n'a jamais mentionné qu'il était propre, ordonné ou qu'il partageait sa nourriture, et il était le meilleur colocataire que j'ai jamais eu. Il était facile à vivre. Il contribuait à tout. Vous pouvez être sûr que, si quelqu'un dit qu'il est ceci ou cela, alors il ne l'est probablement pas. Il suffit de le savoir et de vous respecter en ne réduisant pas votre conscience pour essayer de faire d'un mensonge une vérité.

Concessions

Les concessions sont le troisième élément pour créer une grande intimité. Les concessions sont l'attitude que tout ce qui se passe est juste un point de vue intéressant. Quand vous faites des concessions, alors les pensées, les idées, les croyances, les attitudes et les émotions viennent à vous, passent autour de vous et vous êtes toujours vous. Vous n'adoptez pas l'idée que les choses dont l'autre personne parle doivent vous affecter, c'est juste son point de vue. Vous n'avez pas à résister et à réagir à ce qu'elle dit ou fait et vous n'avez pas à être d'accord ou à vous aligner sur cela. Quand vous faites des concessions, vous êtes vraiment conscient et vous n'avez pas à faire quoi que ce soit. Vous lui permettez simplement d'avoir son point de vue et vous faites des concessions sur ce qu'elle fait et de la manière dont elle le fait. Vous lui permettez d'être tout ce qu'elle est, sans rien attendre d'elle.

Lorsque vous faites mutuellement des concessions vous ne critiquez pas. La critique est fondée sur : « Je veux que tu le fasses à ma façon. » Ce n'est pas faire une concession. C'est rechercher l'alignement et l'accord, qui conduisent à la résistance et la réaction. Lorsque vous ne vous alignez pas et ne vous accordez pas avec le point de vue de votre partenaire alors vous cessez d'essayer de faire de l'autre la seule chose importante dans votre vie. Et lorsque vous ne résisterez plus et ne réagirez plus, vous n'aurez pas de disputes. N'essayez pas d'empêcher votre partenaire d'être différent de vous. Ayez votre propre vie. Permettez à votre partenaire d'avoir la sienne.

Mary et Bill étaient un excellent exemple de ceci. J'ai dit que Mary a consacré sa vie à l'étude de la métaphysique. Bill n'était pas le moins du monde intéressé par ce sujet et il pensait même que ce que Mary faisait était bizarre. Mais son attitude était : « Si c'est ce que tu veux faire alors vas-y, fais le. » Il ne l'en a jamais empêchée même quand elle partait pendant de longues périodes pour prendre des cours. Il ne s'est jamais opposé à l'argent qu'elle dépensait pour cela. Il ne croyait pas en les mêmes choses qu'elle, mais il voulait qu'elle ait sa propre vie.

J'ai demandé à Mary : « Combien de temps avez-vous étudié la métaphysique en Angleterre ? »

« Trois mois. » répondit-elle.

« Est-ce que Bill et vous vous appeliez tout le temps ? »

« Jamais. Nous nous écrivions juste des lettres. »

« Eh bien, quand Bill partait en voyage d'affaires est-ce que vous vous appeliez ? »

« Non. Il m'appelait la veille de son retour pour savoir si j'allais le chercher à la gare ou s'il devait prendre un taxi. » Ca alors ! Lorsque j'étais marié, ma femme m'appelait trois fois par jour quand je travaillais. Elle voulait s'assurer que j'étais sous son contrôle.

La seule chose que Bill demandait à Mary à propos de ses études métaphysiques, c'est qu'elle n'en discute pas avec ses clients. Pas un gros problème. N'est-ce pas ? Et elle a dit : « Bien sûr. »

N'adoptez pas l'idée que les choses dont votre partenaire parle doivent vous affecter. Ce qu'ils disent est leur point de vue, ce n'est pas qui ils sont. Ce qu'ils sont, c'est ce que vous avez épousé. Soyez juste dans la tolérance de ce qu'ils font et de la manière dont ils le font. Permettez-leur d'être tout ce qu'ils sont, sans rien attendre d'eux.

Vulnérabilité

Le quatrième élément pour créer une grande intimité est la vulnérabilité. La vulnérabilité signifie être une plaie ouverte. Il n'y a pas la croûte dessus, il n'y a pas de pansement, il y a juste une sensibilité totale, ce qui signifie que vous recevez toutes les informations. Avez-vous déjà eu un orteil écrasé ? Avez-vous remarqué que tout le monde semble marcher dessus ? Vous en êtes tellement conscient que vous continuez à l'exposer même quand vous essayez de ne pas le faire.

Mary m'a dit : « Tu dois être totalement vulnérable avec l'autre personne. Sans barrières de protection. Tu dois juste être là, présent. » Tout est possible. Vous recevez tout ce qu'ils ont et vous abaissez votre garde.

Si votre partenaire vient à vous avec de la colère, restez là et laisser la colère passer à travers vous. Vous verrez que lui ou elle s'essouffle en trois minutes. Si vous n'érigez pas de barrières, les gens n'ont rien à frapper et ils n'ont pas à exercer une force pour essayer d'avoir raison.

Si vous souhaitez créer une relation amoureuse extraordinaire vous devez remarquer quand votre garde se met en place et apprendre à la maintenir baissée. Forcez votre garde à rester baissée et tout ce que l'autre personne dit ou fait n'est ni bien ni mal, ni bon ni mauvais, c'est juste un point de vue intéressant.

A quoi est-ce que cela ressemble dans la vie réelle ? Mon ex-femme est une personne qui a grandi avec la colère comme source d'énergie. Alors, chaque fois qu'elle était fâchée à propos de quelque chose elle commençait à déverser sa colère sur moi. Quand elle faisait ça tous mes boucliers se levaient. Je restais là avec mon bouclier et elle martelait dessus jusqu'à ce que je le lâche ou que je m'enfuie.

Après avoir entendu parler de la vulnérabilité j'ai dit : « Ok, je dois être vulnérable, quelle que soit la situation, » et j'ai commencé à me forcer à baisser ma garde. Si vous souhaitez créer une relation extraordinaire vous devez voir quand vous levez votre garde et commencer à l'abaisser. Quelqu'un qui est en colère veut marteler quelqu'un. Ils veulent se battre contre quelque chose. Si vous leur enlevez ce qu'ils peuvent marteler ils disent : « Euh ! Ça n'a plus d'importance. » Et ça crée une réalité tout à fait différente. Vous vous forcez à abaisser votre garde et vous laissez l'autre personne vous exprimer tout ce qu'elle veut en ayant vous l'attitude que c'est juste son point de vue du moment.

En un très court laps de temps la colère se dissipera. Quand j'abaissais ma garde, mon ex était à bout de souffle en quelques minutes. Si je n'abaissais pas ma garde, elle pouvait continuer pendant des heures. Sachez-que si vous avez quelqu'un qui n'en finit pas avec les reproches c'est parce que vous avez érigé vos barrières. Abaissez-les, écartez-les et l'autre personne va s'essouffler. Elle ne peut pas continuer à diriger de la force vers vous, s'il n'y a pas rien pour s'opposer à sa force. Dans ce cas, ça revient vers eux et ça leur permet de savoir qu'ils ont obtenu un résultat. Si ça passe juste à travers vous, alors vous êtes totalement vulnérable.

Tant que l'autre personne est en colère, elle va diriger son énergie vers vous et elle ne va pas être vraiment présente. Lorsque vous abaissez votre garde, vous pouvez commencer à avoir un sentiment d'attachement et de communication avec la personne. Vous abaissez votre garde et une fois qu'elle s'essouffle, vous pouvez effectivement être présent pour elle et avoir une communication sur le sujet. La véritable communication ne peut pas se faire tant que vos barrières sont en place.

La colère est une des situations les plus intenses, qui à tendance à activer vos défenses et si vous pouvez rester vulnérable et abaisser votre garde face à la colère, alors vous vous débrouillez bien. Il y a beaucoup d'autres situations et domaines dans notre vie où nous avons mis des barrières et cela va du plus évident au plus subtil.

Les barrières sont en fait des systèmes de défense que les gens utilisent pour repousser une véritable communication. Certaines personnes utilisent leur intelligence comme une barrière. Ils disent : « Vous n'en savez pas autant que moi. » D'autres personnes utilisent leurs émotions comme une barrière. Ils créent d'énormes tirades émotionnelles avec des mélodrames, et disent : « Vous ne me comprenez pas ! » Et certaines personnes utilisent « pas de sexe » comme un obstacle. Pas de sexe c'est : « Allez vous en. Vous ne pouvez pas venir ici. Je n'aurai pas de relations sexuelles avec vous. Je ne suis pas prêt à recevoir quoi que ce soit de vous. »

Reconnaissez que quand vous mettez en place l'une de ces barrières vous empêchez l'autre personne d'être présente avec vous. Vous êtes dans votre propre petit monde. C'est un moyen de contrôler tout parce qu'il n'existe pas de solution pour le bouclier que vous soulevez. Le seul but est de créer une séparation entre vous et eux afin que vous n'ayez ni communion, ni intimité.

Bien que cela puisse vous paraître contre nature à cet instant-là, sentez les barrières et dites-vous : « Je les baisse. Je ne les érige pas. » Vous êtes disposé à lutter contre la limitation derrière laquelle vous vous cachez. Vous êtes prêts à vous battre pour vous-même et votre relation en forçant les barrières à se désintégrer.

Il suffit de reconnaître quand les barrières commencent à s'ériger : « Oh. Je mets mes barrières en place. » et d'abaisser cette satanée garde. Soyez suffisamment conscient pour savoir que c'est une barrière et abaissez-la. La vérité c'est que, si vous êtes totalement vulnérable, alors personne ne pourra jamais vous faire du mal.

Gratitude

Le dernier élément pour créer une grande intimité est la gratitude. Mary disait : « Vous devez avoir de la gratitude. Ce n'est pas l'amour que vous voulez, c'est la gratitude. » La plupart d'entre vous appellent ça l'amour inconditionnel, mais la réalité est que si vous avez le point de vue de l'amour inconditionnel, vous avez aussi l'autre côté de celui-ci, l'attitude de l'amour conditionnel ; ce qui signifie que vous devrez porter un jugement là-dessus. Avec l'amour inconditionnel, vous devez juger si oui ou non c'est quelque chose sur lequel vous pouvez être inconditionnel. Vous êtes toujours dans le jugement, mais avec la gratitude vous ne pouvez pas juger.

Vous êtes reconnaissant de ce que l'autre personne est. Vous êtes attentionné, affectueux et prenez soin de son corps et elle en fait de même pour vous. Mais ce n'est pas à propos de ce retour. Cela concerne le cadeau que vous recevez lorsque vous avez ce point de vue.

Vous êtes reconnaissant de ce corps qui est contre vous parce qu'il est chaud, il est câlin, il est tout doux et il a des parties auxquelles vous pouvez vous accrocher. En travaillant avec des couples, j'ai constaté que souvent les hommes et les femmes ne s'intéressent pas vraiment au corps de l'autre sexe. Ils ne sont pas enchantés par ce corps et ils ne pensent pas que c'est merveilleux. Le corps de leur partenaire est quelque chose qu'ils utilisent pour le sexe plutôt que quelque chose qu'ils trouvent beau, veulent caresser et regarder avec tendresse. Si vous pouvez regarder le corps de l'autre personne et penser : « Oh. Que c'est beau ! » Alors, le corps commence à réagir et à générer plus d'énergie sexuelle.

Commencez à développer votre gratitude. En quoi êtes-vous reconnaissants envers la personne avec qui vous êtes ? Dans cette gratitude pour eux, vous élargissez votre réalité et la leur. Cela vous mènera vers la sexualness, qui peut inclure la copulation. A moins d'avoir de la gratitude, faire l'amour ne sera pas aussi fantastique que vous le souhaitez.

Concessions, Confiance, Respect, Vulnérabilité et Gratitude pour vous-même

Parce que, comme Mary l'a dit, devenir intime avec un partenaire commence toujours par devenir intime avec soi-même, vous devez commencer à développer les cinq éléments de grande intimité avec vous-même. Vous devrez avoir des concessions avec et pour vous-même, vous faire confiance, vous respecter, être vulnérable avec vous-même, avoir de la gratitude pour qui vous êtes et tout ce que vous créez dans votre vie, sinon vous ne pourrez pas avoir quelqu'un d'autre dans votre vie. Vous serez toujours à la recherche de quelqu'un pour valider votre façon d'être. « Il me rend heureuse. » Non, il n'y a qu'une seule personne qui peut vous rendre heureux. Vous-même.

Une relation, par définition, est la distance ou la séparation entre deux objets. Si je suis en relation avec vous cela signifie que je ne suis pas vous. La relation enlève la possibilité de l'unité et crée une séparation perpétuelle. Les gens entrent dans leurs relations en pensant : « Oh, ils sont ceci, et je suis ceci. » Et puis, ils commencent à se séparer de parts et de morceaux d'eux-mêmes afin de se rendre acceptable dans la relation. « Oh. Je ne veux pas faire cela parce qu'alors il ne m'aimera pas. » Ils commencent à se changer.

Une personne tombe amoureuse de vous. Elle voit pendant dix secondes l'être fabuleux que vous êtes vraiment et elle se dit : « C'est la personne avec qui je veux être. »

Ensuite, vous portez un jugement sur vous-même. Vous vous dites : « Oh. Je ne peux pas la laisser voir cette partie de moi parce qu'elle est mauvaise. » Vous vous séparez d'une part de vous même pour qu'on ne vous voit pas.

Et puis bien vite, elle se sépare de parts d'elle-même. Vous deux vous vous êtes séparés de tellement de parts de vous-même, que par rapport à qui vous étiez au début vous n'avez plus rien en commun. Très vite, vous avez deux étrangers qui vivent ensemble.

Mais la réalité est que, pendant ces dix secondes, l'autre personne vous a vu en entier ; le bon, le mauvais et le laid, et elle a vu tout cela sans jugement. Si vous vous laissiez aller à être tout ce que vous êtes en tout temps et ne sépariez pas de parts de vous-même, vous pourriez avoir une relation vraiment extraordinaire.

Si vous pratiquiez les cinq éléments de grande intimité, vous ne sépariez pas de parts de vous-même. Vous ne vous empêcheriez pas d'être vous-même dans la relation. Dans quelles proportions vous êtes vous séparés de parts de vous-même dans votre dernière relation ? La plupart des gens disent 150 000 pour cent d'eux-mêmes. Presque personne ne dit moins de 90 pour cent. Vous vous séparez de 90 pour cent de vous-même pour créer une relation ? Où êtes-vous dans la relation ? Et avec qui êtes-vous en relation ? Et soit dit en passant, quand avez-vous quitté la relation ?

Je travaillais avec une dame qui gémissait : « Oh. Mon mari m'a quittée et je suis complètement anéantie. Ma vie est nulle et rien ne fonctionne. »

J'ai dit : « Vraiment ? Quand avez-vous quitté la relation ? Trois mois avant votre mariage ou trois mois après ? »

Elle s'est mise à rire. « Trois mois avant ! Je savais que cela n'allait pas fonctionner. Je savais que cela n'allait pas être une bonne relation. »

« Et combien de temps êtes-vous restée avec lui ? », demandais-je.

« Dix ans, » dit-elle.

« Bonne idée ! Et pourquoi n'avez-vous pas mis fin à la relation quand vous saviez que cela ne fonctionnerait pas ? »

« Parce que », dit-elle, « les invitations de mariage étaient déjà imprimées et le traiteur était engagé et le lieu était payé. »

« Et vous ne vouliez pas gaspiller 1000 $ pour éviter 10 années de douleur et de souffrance pour quelle raison ? Je suis désolé. Je pense que vous êtes un peu cinglée dans ce domaine. »

Je vois des gens faire ça tout le temps. De combien de parts de vous-même vous séparez-vous pour créer une relation ? Si vous devez vous séparez d'une seule part de vous-même, sortez de là !! Si votre partenaire ne peut pas faire de concessions sur qui vous êtes exactement, si vous ne pouvez pas faire ce que vous avez besoin de faire et ce qui est bon pour vous, alors partez parce que vous ne voulez pas être avec cette personne et vous n'êtes pas avec cette personne. Et cette personne n'est pas avec vous. Tournez la page. Il y a des milliards de poissons dans la mer. En avoir attrapé un ne veut pas dire que vous devez le manger, dans le bon ou le mauvais sens du terme.

Si avoir une relation avec quelqu'un élargit les perspectives de votre existence alors foncez. Si elle réduit les perspectives de votre vie, alors vous êtes en train de mourir. Ce n'est pas une bonne affaire. Ce n'est pas ça la communion. Une vraie communion permet à chacun de vous de s'épanouir. Vous n'avez jamais à renoncer à une part de vous-même pour l'autre personne parce qu'il ou elle aura une gratitude totale envers vous, envers qui vous êtes exactement et ne vous demandera jamais de changer pour être avec lui ou elle.

Avec les cinq éléments pour créer l'intimité, vous pouvez éliminer la relation, la séparation entre vous et créer une communion, qui est un état d'euphorie constant.

POUR LES HOMMES : VOUS VOULEZ SÉDUIRE UNE FEMME ?

Vous voulez séduire une femme ? Eh bien, invitez-la chez vous. Cuisinez-lui un superbe dîner. Ayez des chandelles, de la porcelaine et du beau cristal. Mettez de la musique agréable et posez lui des questions sur elle toute la soirée et ne lui dites jamais rien sur vous. À la fin de la soirée demandez-lui : « Voulez-vous que je vous ramène chez vous ou souhaitez-vous passer la nuit avec moi ? »

Elle dira : « Vous savez, vous êtes l'homme le plus intéressant que je n'ai jamais rencontré. J'aimerais passer la nuit avec vous. »

Vous voulez intéresser une femme ? Écoutez. Posez-lui beaucoup de questions sur sa journée, ce qu'elle a fait et comment elle se sent. Demandez ce qui serait agréable pour elle, ce qu'elle aimerait.

Et pendant que vous le faites, tirez d'énormes quantités d'énergie à travers elle parce qu'elle veut se sentir attirée par vous. Lorsque vous commencez à tirer d'énormes quantités d'énergie par tous les pores de votre corps et de votre être, elle va vous regarder et penser : « C'est un homme tellement séduisant. »

Et en plus vous écoutez. Vous venez de la séduire complètement. Si vous écoutez sans jugement vous coucherez à chaque fois. Je vous le garantis. Mais vous devez tirer d'énormes quantités d'énergie ; c'est comme ça qu'on fait !

Habituellement ce qui arrive quand vous commencez à être excité, c'est que vous envoyez un flux d'énergie vers les femmes. Cela ne fonctionne pas parce qu'elles se disent : « Beurk. Cela me paraît dégoûtant. » Mais si vous tirez de l'énergie d'elles, elles se disent : « Oh. Il est si merveilleux. Il est si attrayant. Je ne peux pas m'empêcher de vouloir le toucher. »

Avez-vous déjà eu un de ces jours où vous vous sentez vraiment bien, vous vous pavanez, vous marcher la tête haute, vous portez une tenue superbe et tout le monde vous regarde ? Ils s'arrêtent dans la rue et vous sourient ? Ce n'est pas que vous portez de beaux vêtements ou que vous vous sentez bien ce jour-là. Non, c'est que vous êtes en fait en train de tirer de l'énergie. Vous êtes en train de tirer l'énergie de tous les coins de l'univers et de lui permettre de venir à vous. Vous êtes tout à fait disposé à recevoir à ce moment et tout le monde veut entrer dans votre espace.

Voulez-vous voir Madonna à son maximum de sex-appeal ? Regardez-la dans Dick Tracy, où elle ne bouge pas un muscle. La seule chose qui marche pour Madonna, c'est qu'elle tire de l'énergie. Elle peut décoller le chrome d'une Buick 58 stationnée à 500 mètres par l'énergie qu'elle tire. Elle vous aspire en plein dedans. C'est la différence entre quelqu'un qui a une bonne estime d'elle-même et qui tire l'énergie et quelqu'un qui ne le fait pas.

Cela demande juste un peu de pratique, mais il faut être suffisamment conscient pour savoir que c'est ce qu'il faut pour obtenir ce que vous recherchez. Vous devez être attirant et la seule façon dont les gens vous considéreront comme attirant c'est si vous tirez de l'énergie d'eux. Vous demandez simplement à l'énergie de tirer. Pratiquez-le en allant dans un café Starbucks et en tirant l'énergie de tout le monde dans le café jusqu'à ce que tous se retournent et vous regardent. La mise en garde est que vous devez être disposé à être vu tel que vous êtes.

Pouvez-vous avoir des relations sexuelles si vous n'êtes pas disposé à recevoir ? Non, vous ne pouvez pas. Vous ne pouvez avoir des relations sexuelles que lorsque vous êtes prêt à recevoir. Lorsque vous poussez l'énergie vers quelqu'un ça les repousse. C'est pourquoi toutes les femmes qui ne vous intéressent pas viennent vers vous. Le moyen le plus facile au monde pour intéresser quelqu'un qui ne s'intéresse pas à vous est de tirer l'énergie comme un fou et avoir l'air de ne pas être intéressé par cette personne.

C'est ce que font les femmes avec les hommes. C'est pourquoi les hommes deviennent gagas avec les femmes. La femme qu'ils trouvent intéressante est celle qui tire l'énergie d'eux.

Ce que les hommes ont tendance à faire, c'est forcer l'énergie vers la femme en pensant : « Elle tire l'énergie de sorte qu'elle doit vouloir que je force l'énergie vers elle. » Quand vous faites ça, chaque femme dans le monde va dire : « Beurk ! Je déteste ce gars. » Lorsque vous envoyez des quantités massives d'énergie c'est le résultat que vous créez. Quand vous faites cela, le sexe que vous obtenez n'est pas recevoir ou offrir, c'est la force et la violence qu'est la pornographie et la plupart des femmes n'aiment pas la pornographie.

Si vous savez que les femmes qui vous attirent tirent l'énergie alors vous avez un point de référence qui vous permet de savoir comment cela se ressent et vous pouvez le faire aussi.

OÙ EST L'ÉNERGIE ? TROUVEZ-LA AVANT DE FAIRE L'AMOUR.

La sexualness vient de l'être que vous êtes. Il ne s'agit pas du corps, il s'agit de savoir qui vous êtes et ce que vous avez à l'intérieur. Faire l'amour d'autre part provient du corps. Si vous voulez savourer une l'amour que vous faites alors vous devez émoustiller son corps pour mettre les choses en route. Vous voulez trouver l'énergie avant de faire l'amour. Où est-elle ? Qu'est ce qui crée l'énergie sexuelle ?

L'un des endroits les plus sensibles du corps de toute personne est ses pieds. Si vous souhaitez démarrer le sexe, alors une excellente façon de commencer est de lui faire un massage des pieds, qui la détendra et la mettra en communication avec son corps. Commencez entre le gros orteil, les deuxième et troisième orteils ; et massez avec diligence, mais doucement sur le dessus et le dessous du pied en même temps. Puis, progressivement, allez aux points de pression derrière les talons et ça commencera à émoustiller son corps.

Ensuite, demandez-lui de se mettre sur le ventre et commencez à la plante des pieds. Touchez-la avec juste le dos du bout de vos doigts, laissez-les parcourir ses jambes, puis remonter jusqu'à son corps et caressez-la si légèrement que vous ne la touchez presque pas. Commencez à souffler entre ses jambes et vers le haut de ses fesses en parcourant son corps et en frôlant un petit peu sa tête.

Ne le faites pas dans l'optique : « Ok. Je vais baiser. » Parce que ça tue l'énergie. Faites-le dans l'optique : « Qu'est-ce que son corps veut ? » Massez où son corps vous le demande. Lorsque vous touchez différents endroits demandez au corps : « Où veux-tu être touché et quel genre de toucher souhaites-tu avoir ? » Vous faites un cadeau au corps. La plupart des gens sortent de leur corps lors de rapports sexuels. Ils quittent tout bonnement leur corps et s'en vont, mais si vous faites ce toucher très léger et très doux sur une femme, alors vous l'invitez à rester présente dans son corps plutôt que d'en sortir. Vous émoustillerez son corps en lui demandant où il veut être touché et comment il veut qu'on le lui offre. Le résultat final sera bien plus dynamique que tout ce que vous avez connu auparavant.

Pendant que vous la caressez sentez les différentes parties de son corps parce que les chevilles, les mollets, les cuisses et l'entrejambe ont tous une odeur différente. L'arrière des fesses a son propre parfum. Chaque endroit a un parfum différent. Ce n'est pas le parfum qu'elle met, c'est le parfum de son corps ; ce qu'on appelle les phéromones. Lorsque vous faites ces choses, alors vous êtes sensuel et cela va commencer à vous émoustiller aussi.

Si vous utilisez toutes les sensations du corps comme une façon de vous émoustiller alors vous allez l'émoustiller elle aussi. Et au fur et à mesure que votre corps commence à se raidir, comme il commence à s'exciter, l'énergie sexuelle de votre corps va émoustiller encore plus son corps. Cela commence à préparer le processus.

Demandez-lui de se retourner sur le dos et demandez au corps où il veut être touché et faites le même toucher léger. Ignorez l'entrejambe jusqu'à la dernière minute possible. Je sais que c'est dur, mais vous devez l'ignorer. Plus vous l'ignorez plus elle va être chaude, et plus elle va être prête à faire tout ce que vous voulez.

Les aisselles sont des zones de séduction. Les lobes d'oreilles, l'intérieur des oreilles, derrière les oreilles et le cou, il suffit de les toucher. Ne faites pas les baisers et les caresses de routine parce que c'est ce qu'elle attend de vous et alors elle sait qu'elle a le contrôle. Lorsque vous faites ce que je vous suggère son corps perd le contrôle et commence à exiger d'elle qu'elle fasse l'amour.

Quand elle arrive au point où elle peut à peine le supporter et elle veut que vous la caressiez alors allez légèrement sur son entrejambe, touchez juste légèrement les poils. N'entrez pas et ne fouillez pas, caressez la juste légèrement et quand elle commence à gémir et se trémousser un peu alors vous pouvez commencer à masser cette zone légèrement.

Ne vous pressez pas. Vous voulez arriver au point où votre énergie sexuelle est tellement élevée que son corps aussi devient excité sexuellement. Ca devient une communion et une cohésion des deux corps travaillant ensemble. C'est ce que vous cherchez. Les corps travaillent ensemble et commencent à se faciliter l'un et l'autre dans une expérience orgasmique. Il ne s'agit pas de force. Il s'agit de l'intensité et de la légèreté infinies de l'énergie. Vous voulez plus d'intensité et moins de force. Moins vous utilisez de force alors plus vous le rendez intense et euphorique.

Vous voulez être capable de reconnaître quand votre partenaire commence à s'éclipser. Vous pouvez lui demander doucement : « Ok. Alors, où viens-tu juste de partir là ? » Vous voulez la garder présente parce que si elle est présente elle va savourer le sexe et elle va vous apprécier. En fin de compte, vous arriverez au point où vous pouvez avoir des rapports sexuels avec une femme et sentir tout ce que son corps ressent et tout ce que votre corps ressent. Vous ressentirez tout ce que votre corps fait pour son corps et tout ce que son corps fait pour votre corps. C'est une communion totale, une conscience totale de ces deux corps, qui partagent la connexion et la communion, l'intensité de l'infini.

Vous savez le clitoris est la partie la plus sensible du corps d'une femme. Alors, rendez votre langue comme une aile de papillon et utilisez-la sur son clitoris jusqu'à ce qu'il commence à monter vers vous. Aspirez un petit peu et utilisez plus d'action de la langue et mettez le doigt dans son vagin. Demandez à son corps de vous montrer où est le point le plus sensible et frottez-le doucement. Juste au moment où elle s'apprête à franchir le point de non retour, quand cela devient vraiment intense, arrêtez et commencez à lécher très lentement de haut en bas et faites-le si lentement qu'elle se met à vibrer. Faites cela en même temps que vous frottez votre doigt dans son vagin et vous devriez être capable de l'amener au point où elle aura de sept à quinze orgasmes en l'espace d'une heure et demie.

Quand elle n'en peut plus et exige que vous la pénétriez, ne le faites pas, même à ce moment-là. Retenez-vous jusqu'à ce que ce soit si intense qu'elle ne puisse plus le supporter. Ce sera du sexe comme vous n'en avez jamais eu auparavant. Prenez les poils pubiens et tirez juste un peu. Si vous pouvez toucher les mamelons et les pincer légèrement pour qu'ils deviennent durs, ça impliquera l'ensemble du corps dans le processus et pas seulement les organes génitaux.

Vous faites tout cela tout en suivant l'énergie. Vous devez suivre l'énergie parce que vous souhaitez inviter son corps à l'orgasme. Vous ne le forcez pas. La plupart des gens essayent de forcer l'orgasme en devenant plus intense avec plus d'action et de friction. Vous voulez avoir plus d'énergie et moins de pression. Moins de pression et plus d'invitation.

Une fois que vous avez obtenu un peu de sexe rendez votre pénis très raide, gardez-le en elle et bougez à peine. Augmentez l'intensité de l'énergie sans presque aucun mouvement jusqu'à ce qu'elle commence à jouir violemment contre vous avec votre pénis à l'intérieur d'elle.

Ensuite, si vous y êtes disposé et si elle l'est aussi, vous pouvez le sortir et la pénétrer analement. Tous vos jugements sur le sexe anal, pouvons-nous les détruire et les démonter s'il-vous-plaît ?

Quand vous faites l'amour, si vous voulez rendre les sentiments que vous éprouvez infinis et emmener la personne avec qui vous faites l'amour dans cet infini, ça devient une intensité qui est tout à fait extraordinaire.

L'Organe le Plus Grand de Votre Corps est Votre Peau

Nos corps sont réellement d'incroyables organes sensuels. Ils aiment les sensations et ils aiment être touchés. Utilisez votre corps tout entier pour faire l'amour, pas seulement votre pénis. L'organe le plus large de votre corps est votre peau. Sentez les sensations de tout cet organe et commencez à développer votre capacité à être totalement sensoriel sur chaque centimètre carré de votre peau.

Lorsque vous vous masturbez, touchez-vous votre corps entier ou seulement votre pénis ? Commencez à utiliser tout votre corps lorsque vous vous masturbez et faites de la masturbation quelque chose d'intense, pas par la vitesse de celle-ci, mais par sa lenteur. Cela commencera à développer dans votre corps la sensation d'être caressé et invité à l'orgasme plutôt que d'y être contraint. Vous développerez la capacité à avoir la lenteur et l'intensité de cette énergie orgasmique à votre disposition.

Si vous avez des poils sur votre corps, les utilisez-vous comme une chose caressante ? Bougez-vous votre corps comme un serpent sur le corps de votre partenaire ou avez-vous tendance à aller « bang-bang-bang merci madame » ? Plus vous pouvez bouger avec son corps, plus vous pouvez sentir les différentes parties de son corps et son corps entier, alors il se produira la même chose pour vous que pour elle.

Demandez à son corps ce qu'il voudrait et comme vous lui faites un cadeau, son corps va essayer de vous renvoyer l'ascenseur car il sera reconnaissant envers votre corps. Les corps aiment les autres corps et ils prennent soin les uns des autres si vous le leur permettez.

POUR LES FEMMES : VOUS AVEZ LE CONTRÔLE TOTAL.

Une des choses que je voudrais que vous reconnaissiez est que les femmes ont un contrôle total sur tout ce qui se passe dans le sexe. Si vous ne savez pas cela, ne l'avez pas revendiqué et ne vous l'êtes pas approprié, vous feriez mieux de commencer à regarder cela de plus près parce que les hommes viennent quand vous le demandez.

Ils peuvent soupirer tout ce qu'ils veulent, mais si vous ne les choisissez pas, ils ne vous auront pas. Avez-vous déjà remarqué cela ? Arrêtez de prétendre que vous êtes faible, pâle et n'obtenez pas ce que vous voulez parce que vous obtenez toujours ce que vous voulez si vous vous y mettez.

Il pourrait essayer de vous tenter, mais c'est toujours votre choix si vous le prenez ou non. Un homme choisira toujours le sexe. Une femme fait le choix si elle a des rapports sexuels ou non.

AIMERIEZ-VOUS LUI DONNER UN ORGASME DE TOUT SON CORPS ?

Demandez-lui de se mettre à plat ventre sur le lit et commencez à masser ses pieds. Vous souhaitez créer un lien entre son corps et lui parce que la plupart des gens ne sont pas présents lors des rapports sexuels. Vous voulez qu'il soit tellement présent qu'il va commencer à supplier pour l'orgasme.

Dites-lui qu'il ne doit pas bouger et qu'il ne doit pas vous toucher. Son travail consiste à seulement recevoir et vous souhaitez lui offrir quelque chose qu'il n'a jamais eu auparavant. Commencez par lui masser les pieds, surtout entre le gros orteil et le deuxième orteil et dans l'arche du pied. Cela commencera à le ramener dans son corps et le connecter. Ca commence également à ouvrir les canaux qui permettent à l'énergie de remonter tout le corps.

Ensuite, pendant qu'il est encore couché sur le ventre, prenez vos ongles et commencez à caresser son corps aussi légèrement et doucement que vous le pouvez, de sorte que les poils de son corps se dressent et se tendent vers votre main.

Pendant que vous faites ceci sentez ses chevilles et sentez l'arrière de ses genoux, car il y a des odeurs différentes dans chacune de ces zones. Chacun de ces parfums est une phéromone conçue pour émoustiller votre corps. Ainsi, vous commencerez à exciter votre corps, ainsi que le sien et vous deviendrez tous deux de plus en plus présents. Montez vos mains et massez doucement ses fesses. Si vous en avez envie léchez la fente de ses fesses. Continuez jusqu'au bas de son dos et embrassez le doucement. Montez, très doucement, vers ses épaules et le long de ses bras. Chatouillez légèrement la paume de ses mains. Ensuite, faites remonter vos mains jusqu'à son cou et dans ses cheveux pour le relier à l'ensemble de son corps.

Demandez-lui s'il aimerait se retourner. S'il le fait et s'il a une érection, dites-lui : « Ok, maintenant ne bouge pas. Ne fais rien maintenant. Ne touche pas. Tu ne peux pas toucher. Tu dois juste recevoir. »

Commencez à ses pieds une fois de plus et caressez légèrement ses pieds, ses mollets et ses cuisses. Déplacez doucement vos doigts sur son pénis et ses testicules, en le caressant si légèrement que vous le touchez à peine. Continuez à monter le long de son corps en caressant légèrement tout le devant de son corps, son visage, ses oreilles et le haut de sa tête.

Puis, avec le même toucher léger, allez lentement du haut de sa tête à son pénis. S'il n'est pas en érection d'ici là, même s'il est au repos, mettez son pénis dans votre bouche et très doucement massez le comme si c'était la chose la plus délicate et merveilleuse que vous n'ayez jamais connue dans votre vie.

Quand il commence à se raidir, rendez votre toucher de plus en plus léger. Mettez votre bouche au dessus de son pénis et parcourez le pénis avec votre langue très légèrement et doucement. Continuez à la faire aller de haut en bas comme un serpent qui parcourrait la tête du pénis. Ensuite, placez vos lèvres autour de la base du pénis aussi loin que vous pouvez aller. Commencez à tirer et aspirer un peu et utilisez l'intérieur de vos dents supérieures, doucement, légèrement, sur la face inférieure de son pénis pour que ça crée un peu de friction ou si vous pouvez le faire plus facilement avec l'intérieur de votre bouche ou vos gencives faites-le comme ça. Demandez à son corps ce qu'il veut.

Si vous en avez envie, vous pouvez prendre son scrotum et l'aspirer dans votre bouche ou bien vous pouvez sucer ses testicules. Laissez son corps vous dire quoi faire. L'idée ici est d'offrir et recevoir. Vous lui offrez et, ce faisant, vous recevez en même temps.

Avant de commencer, assurez-vous que vous avez à côté de vous sur le lit un bon lubrifiant anal ; quelque chose qui va donner beaucoup de lubrification. Mettez un peu de lubrifiant sur votre majeur ou deux doigts (majeur et index). La plupart des hommes n'ont pas eu le plaisir que quelqu'un joue avec leur anus alors ils sont un peu serrés et ils ne peuvent pas gérer deux doigts pour commencer. Mettez beaucoup de lubrifiant sur votre doigt du milieu et commencez à frotter autour de son anus. Introduisez votre doigt à l'intérieur et commencez à frotter. La prostate est vers le côté supérieur du corps. Commencez à frotter cette zone. Ce n'est pas tant le va et vient, c'est plus une question de frotter cette zone. Si vous pouvez y introduire deux doigts alors frottez avec les deux doigts d'avant en arrière comme si vous essayez de chatouiller quelque chose et continuez à lui faire une fellation. Souvent quand les hommes n'ont jamais eu de stimulation anale, ils perdront leur érection, mais peu importe, il faut continuer à malaxer son pénis dans votre bouche et être aussi douce que possible. Pendant que vous faites cela tirez l'énergie.

Vous voulez qu'il soit totalement présent. Si vous sentez qu'il n'est pas présent, alors mettez votre main sur sa poitrine et poussez l'énergie là et il va commencer à tirer l'énergie dans son corps, afin qu'il puisse effectivement être là. Continuez le plus légèrement possible. Comme vous frottez, la prostate va commencer à durcir et juste avant qu'il éjacule ça deviendra comme deux petits testicules qui sont aussi durs que des cailloux. Quand il arrive à ce point continuez à frotter et allez plus lentement avec la fellation jusqu'à ce que finalement, il explose.

Lorsque l'explosion arrive commencez à faire vibrer vos doigts contre la prostate. Placez votre main sur sa poitrine et faites montez l'énergie vibrante dans tout son corps. Les premières fois que vous le faites environ soixante-dix-pour cent des hommes auront un orgasme du corps entier. Il va commencer à vibrer et devenir fou et vous ne pourrez plus jamais vous débarrasser de lui, il ne vous lâchera plus.

La chose la plus importante est de le faire très doucement et lentement. Ce n'est pas une question de friction. La plupart des hommes quand ils se masturbent se servent de la friction et de la vitesse. Ce n'est pas ce que vous voulez faire. Vous souhaitez inviter son corps à l'orgasme. Utilisez moins de pression pour créer une plus grande intensité d'énergie. Il s'agit de l'énergie que vous créez, pas de la quantité de pression que vous utilisez.

Une fois que vous lui avez offert un orgasme du corps entier, il sera à vous pour toujours. Assurez-vous que vous voulez qu'il soit à vous avant de le faire.

LA PLUPART DES HOMMES NE PEUVENT RECEVOIR.

Pour la plupart des hommes, le sexe n'a jamais rien eu à voir avec recevoir, il s'agit toujours de donner ou de faire. Il est impératif lorsque vous lui donnez un orgasme du corps entier de réaliser que vous offrez à cet homme quelque chose qu'il n'a jamais reçu auparavant. En fait, il n'a probablement jamais été reçu sexuellement de toute sa vie. Vous voulez créer une communion avec lui et son corps et lui offrir en lui permettant de recevoir.

Les femmes pour la plupart, n'ont jamais appris à offrir. Pour elles, le sexe est une question de façon de recevoir et le point de vue a été que les femmes sont le récepteur et les hommes sont le donneur. Je suis désolé, mais vous n'êtes pas des prises de courant mâle et femelle, alors dépassez ce point de vue.

Vous devez accepter l'idée d'offrir et recevoir et la simultanéité de ceci. Vraiment, c'est comme ça que ça peut être si vous êtes prêt à être totalement présent et si ils/elles le sont aussi.

C'est important que les femmes sachent que les hommes ne reçoivent jamais, et qu'ils ne savent pas comment le faire. On ne leur a jamais appris. Habituellement le point de vue d'un homme est : « Je suis prêt à vous avoir. » ce qui n'est pas recevoir. Si vous y pensez, une des raisons pour lesquelles beaucoup d'hommes ne savent faire la sexualness qu'en tant que force, friction et violence, est parce qu'ils regardent des films pornos. C'est le seul endroit où ils voient des hommes ayant des rapports sexuels et il n'y a certainement pas de recevoir ou d'offrir dans un film porno.

Les hommes n'ont pas appris à être sensuels. On attend d'une femme qu'elle soit sensuelle, mais la plupart du temps elle ne sait pas comment faire non plus. La vérité est, qu'en général, elle ne sait pas mieux recevoir qu'un homme. Elle pense simplement qu'elle le fait. De toutes les femmes que Dain et moi avons connues, il y en a eu très peu qui pouvaient vraiment recevoir sexuellement. C'est une grande tristesse pour nous qu'il n'y ait pas plus de gens qui sachent profiter de leur corps et ressentir l'expansion et les possibilités qui peuvent se produire quand ils sont en mesure d'être réellement présents et ne divorcent pas d'eux-mêmes pour avoir des relations sexuelles.

Et comment ce serait si vous pouviez avoir un rapport sexuel génial, une communion incroyable et des possibilités infinies dans une relation qui est totalement euphorique et joyeuse ? Et comment ce serait d'avoir une relation qui règle les soucis de la vie au lieu de s'y enliser ? Avoir une relation qui fait grandir votre vie, au lieu de la tuer ou de la contracter ? Et comment ce serait de créer votre vie plutôt que d'y exister ou de vivre dans l'obligation de celle-ci ? C'est ce que nous souhaitons que vous puissiez atteindre. La conscience est le point de départ.

Et rappelez-vous, la pratique rend parfait !

UNE NOTE AUX LECTEURS.

Access est un programme de transformation de l'énergie qui relie une sagesse chevronnée, des connaissances anciennes et des énergies canalisées avec des outils de motivation très contemporains. Son objectif est de vous libérer en vous donnant accès à votre être le plus vrai, le plus élevé.

Les informations, outils et techniques présentés dans ce livre sont juste un avant-goût de ce qu'Access a à offrir. Il y a tout un univers de techniques et de classes Access.

S'il y a des endroits dans votre vie où vous n'arrivez pas à faire fonctionner les choses comme vous savez qu'elles le devraient, ça pourrait vous intéresser d'assister à une classe ou un atelier d'Access ou de trouver un facilitateur Access, qui peut travailler avec vous pour vous donner plus de clarté sur les problèmes que vous ne pouvez pas surmonter. Les techniques d'Access sont effectués avec un facilitateur qualifié, et sont basés sur votre énergie et celle de la personne avec qui vous travaillez.

www.AccessConsciousness.com

AUTRES LIVRES ACCESS

Conscious Parents Conscious Kids

(Parents conscients Enfants conscients)

Ce livre est un recueil de récits d'enfants immergés dans une vie de perception consciente.

Money is Not the Problem, You Are

(L'Argent n'est pas le Problème, C'est Toi)

Offrant des concepts hors des sentiers battus sur l'argent. Ce n'est pas une question d'argent. Ça ne l'est jamais. C'est une question de ce que vous êtes prêts à recevoir.

Talk To The Animals

(Parlez aux Animaux)

Saviez-vous que chaque animal, chaque plante, chaque structure sur cette planète a la conscience et le désir de vous offrir ?

Embodiment : The Manual You Should Have Been Given When You Were Born

(Incarnation : Le Manuel qu'on aurait dû vous donner à votre naissance)

Présentation à la prise de conscience qu'il y a vraiment un choix différent possible.

Sex Is Not a Four Letter Word but Relationship Often Times Is

(Le Sexe ce n'est pas si compliqué ! Alors pourquoi nos Relations amoureuses le sont si souvent ?)

Amusant, direct et délicieusement irrévérencieux, ce livre offre aux lecteurs une vision entièrement nouvelle sur comment créer une intimité formidable et avoir des rapports sexuels exceptionnels.

Magic. You are it. Be it.

(Magique. Vous l'êtes. Soyez le.)

La Magie c'est le plaisir d'avoir les choses que vous désirez. La vraie magie est la capacité d'obtenir la joie que la vie peut procurer.

www.AccessConsciousness.com

SÉMINAIRES, ATELIERS & CLASSES ACCESS

Si vous aimez ce que vous avez lu dans ce livre et êtes intéressés par des séminaires, des ateliers ou des classes Access, alors pour un point de vue très différent, continuez à lire et découvrez un avant-goût de ce qui est disponible.

www.AccessConsciousness.com

CLASSE DE BARS D'ACCESS

Une journée

Les Bars sont un des outils de base d'Access. Vous apprendrez une technique énergétique par le toucher que vous appliquerez et recevrez pendant la classe. La technique des Bars a généré énormément de confort et de changement pour les gens partout dans le monde. Les Bars se composent de 32 points situé sur la tête qui contiennent la charge électromagnétique des pensées, des idées, des croyances, des décisions, et des émotions que vous avez stockées dans toute vie, présente ou passée à propos de : la Guérison, le Corps, le Temps, les Espoirs, le Contrôle, la Conscience, la Créativité, le Pouvoir, le Vieillissement, le Sexe, l'Argent, etc. Les Bars sont activées par un toucher léger, permettant à l'énergie de circuler. Cela génère un plus grand confort dans votre corps, ouvre de nouvelles possibilités, en libérant les domaines « coincés » de votre vie, en vous permettant de choisir dans le présent plutôt qu'en fonction du passé. Chaque fois que vous offrez une séance de Bars à quelqu'un, vous recevez autant de bienfaits. Cette classe est merveilleuse pour tous les praticiens en travail corporel, ainsi que pour les gens qui ont toujours voulu apprendre une technique énergétique dynamique. C'est aussi un moyen pour vous de faire l'expérience de recevoir, plutôt que de seulement appliquer, appliquer, appliquer ; ce qu'on apprend généralement aux gens. Pré-requis : Aucun

www.AccessConsciousness.com

INFORMATION

Pour plus d'informations sur Gary Douglas, Dr. Dain Heer, livres et autres produits, inscriptions aux séminaires, ateliers ou classes Access Consciousness ou si vous avez des questions visitez :

www.AccessConsciousness.com

Autres sites d'Access

www.GaryMDouglas.com

www.DrDainHeer.com

ConsciousHorseConsciousRider.com

RightBodyForYou.com

RightRichesForYou.com

RightRecoveryForYou.com

RightRelationshipForYou.com

RightVoiceForYou.com

AccessTrueKnowledgeFoundation.com

Access-Schools.org

MySpace.com/accessconsciousness

Twitter.com/accessconsciousness

Costarricense-Paso.com

AUX ÉDITIONS MAGIC LAWS

Les 52 lois magiques (2013)

The 52 Magic Laws (2013)

Vive Aujourd'hui ! (2014)

Hurrah for today ! (2014)

Viva Hoje ! (2014)

Leve Vandaag ! (2014)

Да здравствует сегодня ! (2014)

www.MagicLaws.com